▲图1　佗城枢纽互通

▲图2　东江大桥

▲图3　蛇背大桥

▲图4　三角枢纽互通

▲图5　金花特长隧道（4738.5米）

▲图6　大埠河大桥（主跨150米）

▲图7　元善枢纽互通

▲图8　粗石山特长隧道（4196米）

▲图9　边坡绿化

▲图10　中央分隔带绿化

▲图11　龙连高速

公路局部全景

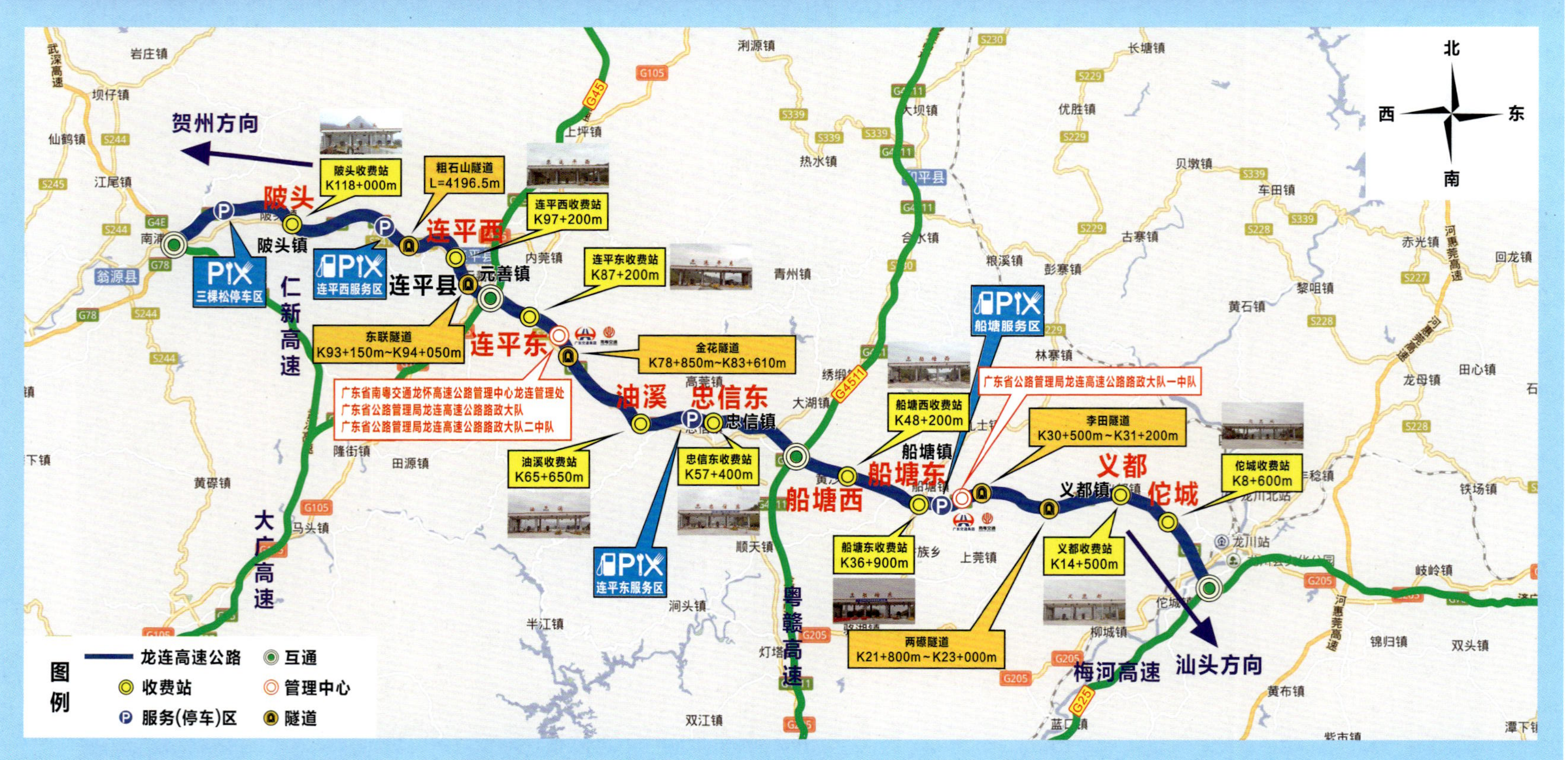

▲图12　龙连高速公路线路示意图

至臻龙连

Zhizhen Longlian

【龙连高速公路建设管理】

本书编写组◎著

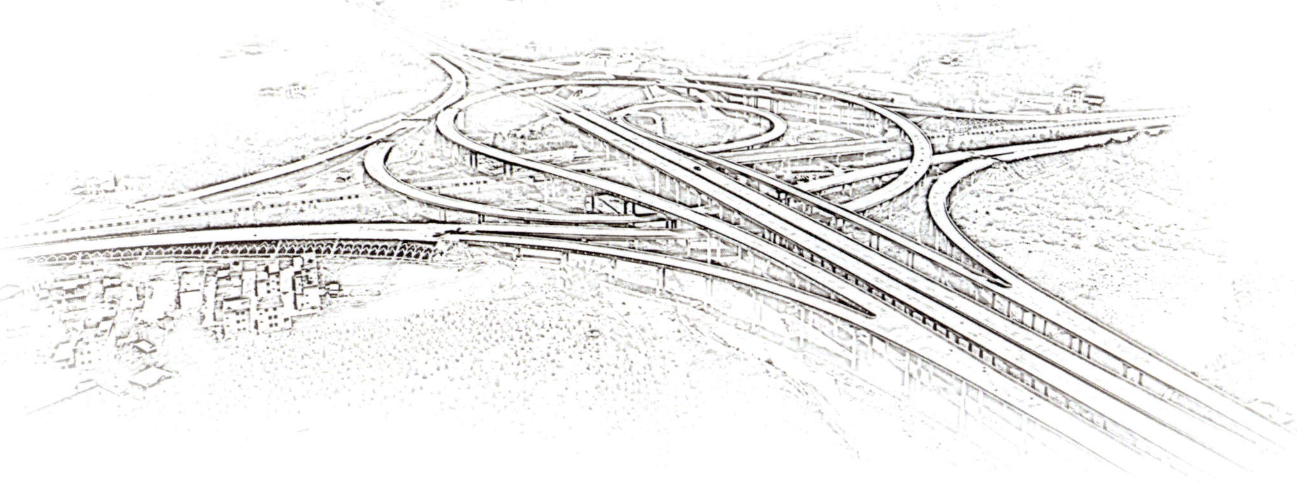

人民交通出版社股份有限公司
China Communications Press Co.,Ltd.

内 容 提 要

本书为龙连高速公路工程建设纪实，全面系统地阐述了龙连高速公路项目的开工建设、科学管理、和谐征迁、施工标准化管理、科技创新、环境与生态保护、劳动竞赛等方面内容，并配有各阶段建设纪实图片，为今后山区高速公路的建设提供了宝贵的管理工作经验。

本书可供高速公路建设、管理人员阅读参考。

图书在版编目（CIP）数据

至臻龙连：龙连高速公路建设管理 / 《至臻龙连：龙连高速公路建设管理》编写组著. — 北京：人民交通出版社股份有限公司, 2017.12

ISBN 978-7-114-14358-8

Ⅰ. ①至… Ⅱ. ①至… Ⅲ. ①高速公路—道路建设—广东 Ⅳ. ①U412.36

中国版本图书馆CIP数据核字（2017）第289501号

Zhizhen Longlian

书　　名：至臻龙连——龙连高速公路建设管理
著 作 者：本书编写组
责任编辑：姚　旭
出版发行：人民交通出版社股份有限公司
地　　址：（100011）北京市朝阳区安定门外外馆斜街3号
网　　址：http://www.ccpress.com.cn
销售电话：（010）59757973
总 经 销：人民交通出版社股份有限公司发行部
经　　销：各地新华书店
印　　刷：北京盛通印刷股份有限公司
开　　本：787 × 1092　1/16
印　　张：14
插　　页：4
字　　数：280千
版　　次：2017年12月　第1版
印　　次：2017年12月　第1次印刷
书　　号：ISBN 978-7-114-14358-8
定　　价：88.00元
（有印刷、装订质量问题的图书由本公司负责调换）

编写委员会

序

Xu

广东省龙川至怀集公路是国家高速网——汕头至昆明高速公路（编号G78）的重要路段，项目对打通省际“断头路”、完善国家高速公路路网、促进粤北山区经济发展具有重要意义。广东省龙川至怀集公路龙川至连平段（龙连高速公路）全长127.467km，起点与梅河高速公路程江至蓝口段相接，经河源市龙川县、连平县，终点位于韶关市翁源县，接龙怀项目连平至英德段。龙连高速公路项目承载着粤北人民对美好生活的向往，建成后将惠及沿线300余万群众出行，有力地推动河源山区融入珠三角两小时经济生活圈。

龙连高速公路桥隧比高达43%，控制性工程多，地质复杂，征拆任务重，施工时间短，雨季时间长。2015年9月，龙连高速公路全线开工，2017年12月建成通车，整体工期不足两年半。开工建设以来，龙连管理团队凝心聚力、全盘统筹，用仅仅不足30个月的时间便完成了高速公路的建设通车任务，3年共完成投资任务近100亿元，这是广东省交通建设史上又一次漂亮的“急行军”。

参与龙连高速公路建设和管理的同仁们，热切期盼能从龙连高速公路建设的艰辛工作中汲取经验教训，获得精神力量，从而继往开来，为广东省交通投资建设和营运管理工作做出更大的贡献。《至臻龙连：龙连高速公路建设管理》一书全面系统地阐述了山区高速公路的设计科研、征地拆迁、建设管理、创新创效、品质工程和体会思考等方面的内容，是龙连高速公路管理团队3年来建设过程中披荆斩棘、攻坚克难管理经验的总结，是他们集体智慧的结晶。

相信这本书会为今后广东省山区高速公路的建设提供非常宝贵的经验和借鉴！在此也谨向奋战在工程一线的建设者们致以崇高的敬意！

是为序。

广东省南粤交通投资建设有限公司董事长、党委书记：

2017年12月

前言

Qianyan

敢问路在何方？

“龙腾而起，连接幸福”，龙连高速公路的建成通车，是368万河源山区人民日夜期盼的心愿。2014年10月31日，这条备受关注的高速公路在成立管理处之时，全线127.467千米的路段施工图仅完成了先行工程的施工图评审工作，其余的施工图设计工作才刚刚开始；而且外界都在怀疑，这支成员不足30人、平均年龄不足35岁的管理团队能否完成2014年底开工的目标和2017年底建成通车的任务，以及能否打造出南粤优质的样板工程。

面对这些怀疑和压力，龙连管理处领导班子和团队成员并未自乱阵脚，而是化压力为动力，在杂乱繁重的管理工作中，冷静分析工程的重点和难点。团队需要考虑的紧迫性问题实在太多，择其要者而言，不乏以下八点：

一是如何在有限时间内统筹规划，合理安排施工时间，确保控制性工程如期竣工。龙连高速公路全线难度大的控制性工程有8个，分别是：全长约4738米的金花特长隧道，施工工期约33个月；全长约4196米的粗石山特长隧道，施工工期约30个月；主跨150米的大埠河大桥，施工工期约26个月；主跨120米的蛇背大桥，施工工期约24个月；主跨100米的东江大桥，施工工期约22个月；与梅河高速公路相交的佗城枢纽互通，与粤赣高速公路相交的三角枢纽互通以及与大广高速公路相交的元善枢纽互通，这些工程的施工工期均在20个月以上。而在龙连管理处成立之时，除金花隧道完成了施工图设计，施工单位可在2014年12月31日前进场开工外，其余7个控制性工程的施工图才刚刚开始设计。按照2015年5月底完成所有施工图设计的原计划，再加上招标时间，施工单位最快也要7月才能进场。因此，距离实现2017年底建成通车的目标仅有30个月的时间，如果把路面工程、交通安全论证和机电工程的施工时间考虑在内，留给土建工程的施工时间仅有20个月左右。如何确保控制性工程在计划工期内顺利完成，成为龙连项目必须面对和解决的首要问题。

二是如何采取有效方式完成征地拆迁工作，为龙连高速公路的建成通车提供便捷条件。此时，龙连高速公路项目与地方政府的征拆合同谈判才刚刚开始，按照以往的经验，合同的谈判签订至少需要半年的时间。从征拆工作启动到征拆工作的基本完成，最快也需要一年的时间。由此可见，土建工程本已左支右绌的20个月工期，就被压缩得所剩无几。如何加快征拆合同的谈判，迅速进入实地征拆阶段，是旋绕在管理团队头脑上空的又一难题。

三是如何摆脱电力迁改的周期和路线掣肘，为龙连高速公路的铺设扫清障碍。以往项目的电力迁改需要先招电力迁改的设计单位，并就设计方案和造价征求电力主管部门的意见，整个周期约10个月；然后再根据设计方案招电力迁改的施工单位进场，整个周期约1年。2014年底，整个工作因各种原因尚未启动，接近20个月的电力迁改周期无疑将给龙连高速公路的土建施工造成致命的影响，如何在较长的电力迁改周期内保证施工质量与速度，是摆在管理团队面前的烫手山芋。

四是如何利用既有的围岩地质条件，减少不必要的施工浪费，为龙连高速公路的建设解决路基碎石的供应问题。龙连管理处前期开展的沿线碎石调查结果显示，项目所处连平县区域没有优质碎石；附近大广高速公路采用的碎石是从江西省调运的，运输距离远、成本高，母材质量难以把控；两个特长隧道实时开挖出来的洞渣，存在无法满足路基填筑的进度需求、如不能及时被项目内的土石方调运利用会衍生出征地、环保等一系列棘手问题等风险。如何有效利用洞渣是龙连高速公路项目必须提前谋划的事情。

五是如何在地势崎岖的山间地带，多方兼顾地选择平整地块，为龙连高速公路建设桥梁预制场。龙连高速公路地处山区，桥隧比高达约43%，全线有上万片预制梁板，然而，项目沿线地处高山深谷，相对平整的地块较少，且多为农田，桥梁预制场的选址建设受耕种农田、运输便道、环境安全等诸多因素制约。如何考虑梁板预制场的选址，成为控制桥梁施工进度的关键。

六是如何在地质灾害频发的施工路段，确保建成安全生态高边坡。龙连高速公路地处粤北深山区，复杂的地质和特殊的地貌造就了沿线985处边坡，其中高边坡多达211处。路线所经地段存在岩溶、塌陷、暗河等不良地质现象，滑坡、崩塌等地质灾害频发。边坡的稳定性关乎整个高速公路的建设步伐，如何在短时间内确保所有边坡安全稳定，同时又兼顾生态环保，成为龙连高速公路建设管理的现实课题。

七是如何有效保障施工电力供应，为大功率施工设备的正常运行保驾护航。龙连高速公路地处粤北贫困山区，沿线经济落后，电网极不发达，外供电离施工现场距离较远。按照以往经验，施工单位进场后从申报临时用电至电路拉通，需要耗费3个月以上的时间，而且施工过程中，还可能受“用电错峰”的影响，不能保证有充足的电流和稳定的电压。如何加快电力设施施工进度，保障施工单位大功率专业设备用电，是管理团队需提前考虑和部署的重要问题。

八是如何处理好公路建设与当地人文、自然生态的关系，高标准地贯彻落实绿色公路理念。“龙连高速公路必须树立绿色公路理念，按照打造山区生态和谐路的标准进行施工和管理！”广东省南粤交通投资建设有限公司董事长职雨风同志在龙连高速公路劳动竞赛动员大会上掷地有声地对项目提出了要求。龙连高速公路途经群山万壑，沿线风光旖旎，森林茂密，水质清澈，空气清新，其所在地区获得过“广东省生态县”“全国生态建设示范区”等荣誉。客家人和畲族、瑶族等少数民族同胞创造出来的独特文化习俗，与沿线优质的生态环境两相烘托，浑然一体，共同构成了广东省的“香格里拉”。近年来，地方政府着力打造“魅力连平，诗意客家”的九连山旅游品牌，既要绿水青山，也要金山银山，将丰富的自然资源变成绿色财富，实现“绿富共赢”。在这样的绿水青山间新建高速公路、如何实现路面“零污染”施工、如何实现边坡防护和绿化、如何实现景观提升、如何采用新工艺、新工法、新设备推进工程建设与周边自然生态的和谐统一乃至相得益彰，对建设单位来说无疑又是一道道严峻的考验。

回首三年前的秋风萧瑟，这支驻扎龙连高速公路项目的年轻队伍，顶着外界的层层压力，运筹帷幄，精细耕作，夜以继日，精益求精，在号称“九纵五横两环”高速公路网规划最难的一段中，硬是将一条飞腾而起的幸福之路，圆满铺设在了127.467千米的蜿蜒山道上。“萧瑟秋风今有是，换了人间”，龙连高速公路内实外美、高质高效，随着龙连高速公路的如期通车，上述八问也由龙连人的生动实践给予了明确而响亮的回答，外界的怀疑也逐步悄然冰释，终至遁于无形。龙连高速公路是龙川至怀集段高速公路重要而艰难的一段，沿线几百万山区百姓的生产生活与此紧密相关，这是一条致富脱贫的道路，是一条连接幸福的光明之路。龙连人有幸为此付出过汗水与心血，也以自身敢闯敢拼的开拓进取精神，证明了自己，获得了内在的提升。

广东省南粤交通龙怀高速公路管理中心龙连管理处主任：张和

2017年12月

目录

MuLu

《共圆中国梦》
作曲：雷晓宇
作词：陈道斌

初识龙连　新声喜尽闻

广东河源，资源丰富，风光旖旎，却道路滞阻，受困群山。落实粤东西北振兴战略，打造粤港大湾区接长三角、辐射大内陆的门户，关键在交通。2017年，龙怀高速公路龙川至连平段的顺利通车，不仅将彻底打通汕昆高速公路省际“断头路”的局面，对于粤北边陲小县而言，不互联互通高速公路的局面亦将被改变，龙川县、东源县、连平县没有直通高速公路的历史终将结束。2017年10月，伟大的中国共产党第十九次全国代表大会胜利召开，回首砥砺奋进的五年，我国交通运输进入了加快现代综合交通运输体系建设的新阶段，中国高速公路不断发展，通车里程跃居世界第一。在这伟大时代的洪流中孕育而生的龙连高速公路，将成为振兴粤北经济发展的重要动脉，承接粤北人民对美好生活的向往，对该地区实现中华民族伟大复兴的中国梦和两个一百年奋斗目标具有重要意义！

交通运输部公路局副局长周荣锋在龙连高速公路项目调研“绿色公路”后称赞：“没想到广东省高速公路做得这么好，为什么之前没有好好宣传，参观完龙连高速公路后改变了我对整个广东省高速公路建设的印象。”

广东交通集团
南粤交通

第一节　初相识却如早相知

广东省龙川至怀集高速公路是原国家高速公路网规划“7918”布局方案中第17横（汕头至昆明高速公路，编号G78）的重要路段，于2013年6月纳入《国家公路网规划（2013—2030年）》，也是广东省“九纵五横两环”高速公路网规划主骨架中“一横”的重要组成部分。

龙怀高速公路划分龙连、连英、英怀三段同期建设，龙连段作为龙怀高速公路自东向西的第一段。龙怀高速公路先后串接龙川、东源、连平、翁源、英德、清新、阳山、怀集8个山区县（市），同时与粤赣、大广、武深、京港澳高速公路等多条南北向出省通道交叉，是广东省北部地区东连福建、西通广西的重要省际通道。

龙怀高速公路的建设也是贯彻落实广东省委、省政府“关于进一步促进粤东西北地区振兴发展决定”的重要举措，对完善国家和广东省高速公路网络，提高粤北地区的交通运输条件，加快县域经济发展，促进区域经济协调发展，加强国防战备力量具有重要作用。因此，龙怀高速公路的建设是必要且十分迫切的。根据《广东省2013至2017年高速公路建设计划》（粤府办〔2013〕18号）及广东省政府领导批示精神（建设〔2011〕561号、建设〔2013〕184号），龙怀高速公路按政府还贷“省市共建”模式实施建设，龙连段于2017年通车，连英段和英怀段于2018年通车。

图1-1　龙连管理处领导班子集体合影

龙连高速公路全长127.467千米，批复概算144.16亿元。该公路起点与梅河高速公路程江至蓝口段相接，经河源市龙川县、连平县，终点位于韶关市翁源县龙仙镇，接龙怀项目连平至英德段。全线采用双向四车道设计标准，共设桥梁153座，其中特大桥2座；隧道5座，其中特长隧道2座；全线桥隧比约43%；全线边坡共985处，其中高边坡多达211处；互通式立交13处、服务区3处、停车区1处、养护工区2处、管理分中心1处、收费站9处，计划2017年底建成通车。

第二节　存志高远方行稳致远

龙连高速公路是广东省“九纵五横两环”高速公路网规划中最难的一段，在开工前期的准备阶段，就提出“安全优质、规范廉洁、科学高效、生态和谐”的建设理念。在这一建设理念的指引下，龙连高速公路的建设者以科学的方法和创新的模式，着力打造高速公路的“精品工程”，实现了高速公路建设与山区人文生态、植被生态保护的和谐统一，使龙连高速公路成为振兴粤北经济，助力粤北人民致富奔康的幸福纽带。

图1－2　广东省南粤交通投资建设有限公司副总经理夏振军（右五）、投资经营部部长李史华（右七）、中铁十八局集团第一工程有限公司李兰勤（右三）参加龙连高速公路东联隧道右洞贯通仪式

具体而言，“安全优质、规范廉洁、科学高效、生态和谐”的建设理念，着重体现在如下几个方面：

首先，安全优质是建设的基础。龙连高速公路的建设者在开工初始，就客观认识到龙连高速公路建设规模大、协调统筹难、安全风险大的三大特点，为此，龙连管理团队饶有成效地创新管理方式和工作方法。创新管理方式，既要因地制宜，制定符合工程特点的管理方式，又要吸收先进的技术成果，着眼管理方式的精准高效。龙连管理团队依据龙连高速公路建设的实际情况，科学地制定了主体工程分段设计、分期招标、分别进场的方式，极大地减轻了集中开工带来的工期压力，降低了施工单位的管理成本。在具体的施工建设中，龙连建设者还成功引进HCS公路项目建设管理系统，利用计算机应用技术为项目建设管理者提供快速、准确、全面、客观的管理信息，有力地保障了工程质量和工程进度。创新工作方法，就是要立足工程建设的具体实践，以生产建设的安全高质为标的，发挥龙连建设者创先争优的积极性，以高标准、高要求保障工程安全和工程质量。为此，龙连建设者全面推行首件工程认可制，第一条梁、第一段路基、第一段绿化都必须经过工程队认可，在组织相关员工的现场观摩及其交流后，再示范推广，以点带面，确保后续工程的高质足量。总而言之，龙连管理团队在施工建设的安全上力争百分之百的完美，坚持零失误；在工程质量的把控上，追求高标准，真正践行“质量上没有差不多，管理上没有下不为例”的建设理念。

其次，规范廉洁是建设的保障。施工制度的规范化，以及施工队伍素质的廉洁高效，相辅相成，共同为龙连高速公路建设活动的顺利开展保驾护航。龙连管理团队切实贯彻标准化、标杆化的“双标管理”模式，将建章建制落实到桥梁、路基、路面等施工建设活动中。三年来，为了排除施工管理漏洞，保证龙连高速公路“内实外美”，管理团队不辞辛劳，在目标路段定期巡查、复查，建立起“月度检查”“季度检查”等基本查验模式，一旦发现苗头性问题，立即组织专项诊断活动，确保辖内所筑公路没有意外、件件精品。可以说，龙连高速公路的圆满收官，正是得益于严密科学的施工管理制度。规范是廉洁高效的必要前提，而廉洁高效则是龙连管理团队组织文化的核心意涵。党的十八大以后，反腐倡廉深入人心，龙连管理团队积极响应党中央号召，深入贯彻落实“三严三实”和“两学一做”教育活动，并以此为契机，结合项目建设实际，积极探索，启动“企检共建”机制，在全线所有参建单位设立廉政举报箱，大力推进阳光政务活动，着力构建廉政风险防控体系，确保将政府宝贵的建设资金用到实处、用到刀刃上。

其三，科学高效是建设的方法。龙连高速公路途经之地，属地质灾害频发的山区，由岩溶、塌陷、暗河等不良地质引发的滑坡、崩塌、软基等工程隐患，是龙连高速公路建设过程中的“拦路虎”。针对这一棘手情况，龙连管理团队在初始设计阶段，就及时组织专家对初测线位及重大工程方案进行内部审查，并邀请专家对重要敏感工点作现场踏勘，科学规划地质选线、征拆选线、环保选线，为龙川西立交、元善枢纽立交以及油溪互通主线桥的建设优化做出了显著贡献。另外，在征拆工作中，电力管线的迁改工作由于涉及设计单位、电力主管部门的统筹协调，本身是一个巨大的难题。龙连管理团队立足翔实的一手资料，总结以往的项目经验，创造性地采用了“电力设计施工总承包”的模式，并在电力迁改的具体实践中，将24个预制场设置在了主线路基上，有效避免了工程的二次破除和资金投入，节约了用地成本，缩短了征地周期。以科学的建设方法高效完成施工建设目标，是所有龙连人的共识，并渗入到龙连团队每一个细小的施工建设活动中。

最后，生态和谐是建设的标准。龙连高速公路所经过的龙川、东源、连平和翁源四县，汇集众多风景名胜区，山清水秀，风光秀丽。习近平总书记曾指出“良好生态环境是最公平的公共产品，是最普惠的民生福祉。”因此，把生态和谐作为龙连高速公路施工建设的标准，是全体龙连人义不容辞的责任。为尽可能减少施工对绿化的破坏，龙连管理团队坚持环保选线理念，优先选用桥梁和隧道穿越，避让基本农田，减少农田土地分割，使大挖大填最小化，此举成功减少开挖占用土地1000余亩（1亩约为666.67平方米），最大限度地保护自然生态。在保护绿水青山方面，施工团队设置了除尘、洗车、沉淀池、喷淋装置等，着力完善污水排放处理机制，将建筑垃圾、废水集中收集处理，有效防止污水乱排、垃圾乱弃等不良现象。绿色筑路也是生态和谐的重要表现，在边坡施工中，龙连管理团队贯彻落实“开挖一级，防护一级，绿化一级”的施工理念，动态优化边坡设计，提升高速公路沿线景

图1-3　龙连管理处集体合影

观。龙连管理团队还在高速公路主线的所有取弃土场、桥下空间和泥土填平区进行了绿化，力求达到可绿化路段绿化率100%，植被恢复率98%以上。此外，龙连管理团队还在龙川县打造了佗城古镇旅游景点，在连平县设计了“桃花节”主题活动，并增设观景平台，以切实的行动把生态和谐的建设标准落实到施工建设的每一个环节上。

“安全优质、规范廉洁、科学高效、生态和谐”是龙连管理团队自始至终秉持的建设理念，将辞微义著贯穿于整个龙连高速公路建设的宏大实践中，体现了龙连人追求卓越的进取精神，是留给后来者宝贵的精神财富。

图1-4　打造“绿色龙连”，构建“路地和谐”

第三节　地方贺信至　封封传真情

广东省交通运输厅副厅长贾绍明在调研龙连高速公路建设时提出，龙连高速公路要“争树建设管理标杆、争当人文建设标兵、争做省市合作标范”。三年来，龙连人谨遵嘱托，以时不我待、破釜沉舟的意志和勇气，以抓铁留痕、踏石留印的坚定信心向着目标不断迈进。在龙连高速公路即将建成通车之际，沿线地方政府、群众百姓纷纷给予点赞。本书收录的三篇地方政府文章，代表了沿线群众的心声，是龙连高速公路打造路地和谐的缩影。

图1-5 广东省委常委、政法委书记、原河源市委书记何忠友（左二）督导龙连高速公路现场征地拆迁工作

凝心聚力，共建康庄大道

龙川县地处广东省东北部，东江和韩江上游，是千年古县、原中央苏区县，也是全省十六个重点扶持发展县之一。近年来，为抢抓振兴粤东西北振兴发展和全面对口帮扶的政策红利，我县审时度势，精心组织，认真谋划，全力实施“人文名县、产业大县、交通强县、生态优县”战略，推动我县经济社会跨越振兴发展。

振兴发展，交通先行。为充分发挥龙川县的区位优势，实现交通强县的目标，全面融入深莞惠（“3+2”）经济圈，从2014年开始，县委、县政府就着手组织谋划实施交通建设大会战，致力构建连接珠三角与长三角、辐射粤东北与赣南地区的互联互通的综合性交通枢纽，打造“一带一路”在粤港澳大湾区东北部的枢纽节点。

千里之行，始于足下。龙川县一步一个脚印，推动一批重大交通项目落地立项，又一个一个地扎实推进建设。汕昆高速公路建设就是我县快速推进交通重点工程项目建设的一个缩影。该工程途经龙川县老隆、佗城、义都三个镇，总长20.069千米，设立佗城、幸福、义都3个互通出口，总投资22亿元。为早日建成我县往西的重要通道，全县上下凝心聚力、攻坚克难，全力推进征拆和建设工作。从2015年6月底开始，仅用10个月时间就全面完成征地拆迁工作，其中征地2668亩、拆迁房屋107座、迁坟2697座、处理大型个案12宗，基本实现了“零上访、零障碍”的目标，为项目建设创造了一个优质、高效的施工环境。

青山座座皆巍峨，壮心上下勇求索。汕昆高速公路龙川段项目地质条件复杂，道路、铁路、河流等重要地物多，隧道长、桥梁跨度大，而且环保景观要求高，给项目施工带来极大的挑战。龙连高速公路项目团队以丰富的设计经验、精益求精的态度、生态优先的理念，通过反复验证、调整、优化，设计出科学、环保的方案，并以精湛的技术逐一攻破施工难题，一路披荆斩棘，仅用不足两年半的时间，建成这条发展之路、惠民之路，于2017年12月全线竣工通车。

风正千帆疾，心齐万事兴。龙川交通基础设施建设正如火如荼地推进。我们将以更加坚定的信心，更加饱满的热情，更加扎实的工作，继续全力推进我县交通事业又好又快发展，为建成互联互通的交通枢纽、构建幸福康庄大道，为与全省人民同步实现全面小康社会而不懈努力！

龙川县委书记

2017年11月

建好一条高速 造福一方百姓

——全力营造汕昆高速公路东源段无障碍施工环境

汕昆高速公路东源段全长26.2千米，设计标准为双向四车道、行车时速100千米/时，工程投资约30亿元，途经我县上莞、船塘、漳溪3个乡镇、12个村，设有互通出口2个、预留出口1个，设服务区、生活区、养护区各1个，应征地2656.6亩，应拆迁房屋238栋（含棚房）、面积99509.4平方米。该项目是国家和省、市的重点工程，也是改善沿线群众出行条件、带动沿线经济社会快速发展的重大民生工程。

如期全面完成汕昆高速公路（东源段）土地房屋征拆工作，营造无障碍施工环境是我县义不容辞的政治责任。

自项目启动以来，县委县政府高度重视，及早谋划，比学赶超，攻坚克难，狠抓落实。2015年3月23日，我县召开全县动员大会，成立汕昆高速（东源段）建设指挥部，抽调精干力量组成高速办，并制定《汕昆高速公路（东源段）征地拆迁工作实施方案》，压实沿线乡镇主体责任，深入细致做好宣传发动和群众思想教育工作，严格按照规范流程操作，维护群众合法权益，严厉打击“三违四抢”行为，全力保障汕昆高速（东源段）征地拆迁工作有序高效推进。在此过程中，路地双方努力做到和谐共处、互助合作、互利互惠、互促互补，谋求共同发展。在多方的共同努力下，2016年4月29日，我县全面完成汕昆高速（东源段）土地房屋征拆工作，全线进入无障碍施工阶段。

其中，蛇背大桥地处我县船塘镇，大桥主跨为一联（253米）三跨（66+120+66）式连续钢构桥，采用菱形挂篮悬臂现浇法建设，施工难度大，安全风险高。为此，我县协同龙连管理处多次邀请专家参与施工方案评审，确保技术层面万无一失；要求施工单位严格落实质量保证体系和双标管理要求，强化安全责任；注意保护当地生态环境，积极做实做细周边群众工作，全力支持配合施工方建设施工，确保了该大桥施工建设顺利进行，未发生一起安全事故，实现了双幅合龙。目前，汕昆高速（东源段）路基已基本完工，正在紧张有序地推进路面施工。

“建好一条高速、造福一方百姓”。随着汕昆高速公路的建成通车，我省东西横向交通将更加快速通畅，我县高速公路网将更加完善。汕昆高速这条民心之路、发展之路、致富之路也将更好地惠及于民。

东源县委书记 [signature]

2017年11月

铺筑加快山区振兴发展之路

连平县地处粤东北九连山腹地，是客家古邑、生态名县，资源丰富、风光旖旎，素有“广东香格里拉”的美誉，但相对落后的交通一直是影响连平加快发展最大的“硬制约”。自省委、省政府吹响进一步加快粤东西北振兴发展的号角以来，连平县紧扣“三大抓手”，积极谋划推动途经县内的高速公路建设，不断优化交通网络，夯实振兴发展支撑。

连平段高速公路全长73.35千米，途经三角、忠信、高莞、油溪、元善、陂头6镇34村，是我县东西相连的一条横向大动脉，与建成通车的粤赣、大广两条高速公路对接互通，形成纵横交汇、覆盖全县的县域高速路网。项目建成通车后，从连平县城到市区的时间将由原来的90分钟缩短到50分钟，连平县的交通区位优势也将显著提升，成为“南接珠三角、北连大内陆”的粤东北重要交通节点，对连平县加快实现振兴发展、打造“广东香格里拉”具有重大意义。

自启动连平段高速公路建设以来，连平县举全县之力打好征地拆迁攻坚战，抽调最得力人员，组建最强服务团队，坚持做到“一切为了高速、一切让位高速”，依法依规抓好政策宣传、征拆补偿、矛盾化解、治安管理等工作，为项目建设营造无障碍施工环境。在全县戮力同心、团结奋进下，历时16个月全面完成征地7284亩、拆迁房屋373户、处理个案82宗，征拆工作比规定时间提前近2个月，为工程建设争取了宝贵时间，在全县营造了“敢于担当、敢打硬仗”和勇于创新发展的良好干事创业氛围。

“高路入云端，天堑变通途”。两年多来，龙连管理团队坚持以打造南粤品质工程为目标，始终坚守质量安全、节约资源、绿色生态的建设理念，以“5+2”“白+黑”的工作方式连续作战，成功克服了工程任务重、地质灾害多、施工条件差等诸多困难，在群山峻岭间架起蓄势腾飞的“巨龙”，实现了安全生产责任零事故，打造了路、地、人和谐发展的绿色公路典范，铺筑了加快山区脱贫奔康的“幸福之路”，充分展现了龙连建设者精益求精、争创一流的工匠精神，以及对山区广大群众的深情厚意！

区域竞争，核心是枢纽之争。今后我们将大力弘扬龙连高速公路建设中攻坚克难、勇于创新、争先进位的精神，谋划建设更多连接珠三角、大内陆的战略交通项目，加快构建“六省通衢”重要交通枢纽，推动连平县振兴发展！

连平县委书记 俞忠锋

2017年11月

第二章

龙连速度　风劲帆方疾

龙连高速公路于2014年9月获得国家发展和改革委员会立项批复，按省委、省政府的工作部署要求，2014年底须开工建设，2017年底须建成通车。开工建设前尚有施工图评审、工程招标、用地报批等工作亟待完成，既要保证在短短的3个月内完成各项筹建工作并按期开工，又要保证设计方案合理可行、招标工作合法合规。但是，施工单位分批进场后施工临建，包括前期征地拆迁都需要时间，实际留给龙连高速公路大面积施工的时间不足两年半，要实现2017年底顺利通车的目标，必须要在2016年底前基本完成所有土建工程，以确保路面、房建、交安、机电及绿化单位可以在2017年进场开始大面积施工，时间短、任务重，形势非常严峻。

在此情况下，龙连高速公路项目上下联动、齐头并进，采取了一系列有效措施，既顺利完成了各项开工准备工作，又顺利推进了整体施工进度，开展了为期100天的三次劳动竞赛。这三次竞赛共完成产值54.64亿元，其中每次分别完成产值目标的106%、103%、114%。对于两座特长隧道，金花隧道仅用时21个月、粗石山隧道仅用时19个月就实现了全隧贯通，双双刷新了广东省特长隧道的开挖记录，确保了2017年底通车目标的顺利实现。

第一节 管理有良策 建设加速度

为了给控制性工程争取宝贵的施工时间，使全线各施工单位能够尽早进入主体施工阶段，尽可能利用2015年旱季推进主体工程进展，龙连管理处采取了分阶段设计、招标、进场的前期筹备方案，并且根据项目特点优化设计方案尽可能扫清施工障碍，利用2015年雨季抢抓临建，为旱季大干创造了条件。

一、分阶段设计、招标、进场，龙连高速公路项目与时间赛跑

龙连高速公路全长约127.467km，桥隧比高达43%，其中含特长隧道2座、特大桥2座、上跨拼接既有高速的枢纽式互通3座。特长隧道、特大桥等控制性工程由于其施工复杂性，必须按节段循环推进；枢纽互通上跨高速公路协调难度大，前期协调工作复杂，因此被列为八大控制性工程。这些控制性工程仅仅靠加大投入是无法明显缩短工程建设时间的，因此必须在前期筹备阶段就要优先推进。龙连管理处采取了分阶段设计、招标、进场的筹备战略，优先推进先行性及控制性工程的设计、招标和进场施工，为特长隧道、特大桥、上跨枢纽互通等控制性工程争取宝贵的施工时间。

龙连高速公路筹建时间十分短暂，如果要求设计单位在短短3个月时间内一次性提供全线设计图纸，设计时间不充足，设计质量不可控。施工是保障，设计是灵魂，作为后期施工的指导性文件，设计方案必须科学合理，设计内容必须全面完善，因此必须要有相对充足的时间和足够的设计力量才能提供优质的设计图纸。为了确保控制性工程能够提前进场施工并保证设计质量，管理处要求设计院整合资源，分先行工程、控制性工程和其他工程三个阶段分批提交设计图纸，优先集中力量设计优化并提交先行性及控制性工程施工图纸。同时，管理处根据三阶段设计施工图纸的提交时间，部署了三阶段招标方案，分批次招标，优先集中精力完成控制性工程的招标工作。通过管理处合理的部署和全体成员的不懈努力，最终使先行工程能够在2014年12月31日正式进场施工，完成了龙连高速公路的开工任务。同时，5个控制性工程标段能够在2015年3月完成图纸审查及招标工作，其他一般性工程标段在2015年5月完成图纸审查及招标工作，使控制性工程标段相对一般性标段能够至少提前2个月进场施工，为控制性工程争取了宝贵的施工时间，同时也确保了工程质量。

二、根据项目特点优化设计方案，为施工顺利进行奠定基础

1. 优化整合桥梁结构形式，节约工期和建设成本

从勘查设计到施工单位进场后，龙连高速公路项目一直都在推进设计优化工作。龙

连高速公路桥隧比高达43%，全线共设桥梁153座（含匝道桥），总长约43452m。众所周知，预制梁桥结构形式简单，梁板可以在工厂集中预制加工后调运到现场直接安装，并且梁板规格可以尽可能统一，不仅可以节省模板周转次数，也可以在很大限度上缩短桥梁上构施工时间。因此在设计阶段，管理处便要求在设计条件允许的情况下尽量采用预制梁结构，匝道桥能够采用预制梁结构的也尽量采用。经过优化后，全线梁板共计上万余片，极大地缩短了整体施工工期。同时，在施工单位进场后，结合施工单位合理的优化建议，管理处将三角枢纽互通式立交进行了整体设计优化，尽可能统一了墩柱形式，同时进一步将现浇匝道桥梁变更为预制梁桥，不但缩短了施工单位建设工期、降低了施工投入，同时也节约了建设成本数千万元。设计优化工作贯穿龙连高速公路项目的全过程。

2. 选线避开沿线征拆困难点，加快建设期工程推进

工程建设，征拆先行。众所周知，征拆为高速公路建设的首要难题，征拆遇到阻碍，接下来所有规划建设都无从可谈。因此，在设计阶段就要对现场进行详细的踏勘，对可能存在的征拆困难点要进行详细的调研和评估。龙连高速公路在初步设计阶段合理避开了梅河高速龙川西互通加油站、军事管理区、多处自然保护区及饮用水源保护区、连平威斯达酒店等征拆困难点，仅避开加油站一项就节约征拆费用两千余万元，在节约成本的同时，也保证了后续主体施工顺利进行。

3. 选线避开施工复杂区域，减少对主体施工干扰

龙连高速公路建设区域拥有丰富的生态农业资源，自然风光优美，其中主要经过地区连平县是“广东生态县”“全国生态建设示范区”，生态保护标准高。龙连高速公路又致力于打造秀美高速建设新模式，铺就资源节约生态环保之路，在沿线生态环境保护上有严格的要求。考虑到这一点，本项目虽穿越生态严控区的规划范围，但在设计选线阶段均已避让重要环境敏感区，穿越生态严控区的总体桥隧比高达68%，远超全线桥隧43%的比例。这些桥梁和隧道的设置，虽增加了工程造价，但对减轻本项目对沿线可能造成的生态阻隔起到了很好的作用，同时也减少了复杂施工环境对主体施工的干扰。

4. 合理划分标段凸显专业，集中力量推进特长隧道施工

尺有所短、寸有所长，不同施工单位有其专业上的特长。龙连高速公路有2座特长隧道，考虑特长隧道工期紧张且专业性要求高，因此在设计阶段便将2个特长隧道单独划分成标段，并在招标阶段对隧道专业施工资质进行了严格要求，即在隧道施工上专业能力强并有丰富的施工经验。同时，项目在设计阶段就为两个标段排除了桥梁等其他结构物施工的干扰，以便集中精力进行特长隧道工程的施工。

三、利用雨季抢抓临建，全面利用2015年旱季

粤北山区雨水较多，每年4—9月为传统雨季，晴天较少，对高速公路主体施工尤其

是土方的施工极为不利。2015年上半年，各施工单位陆续进场，此时正值雨季时节，但本年度为龙连高速公路施工的起始之年也是关键之年，如不充分利用2015年的旱季抢抓主体施工，不打好基础，接下来的工程推进会很被动，既不利于项目整体质量控制，也会造成后期工期不可控。管理处考虑到这一点，便要求各施工单位必须充分利用雨季时节抢抓临建建设，要求各参建单位必须在2个月时间内完成所有临建设施的建设，从而为即将到来的旱季大干创造条件。

第二节　临建工程不放松　事半能功倍

面对如此紧张的工期压力，龙连高速公路项目在任何阶段都要争分夺秒，临建建设时间少一天，留给主体工程的时间就会多一天。临建建设是保障主体工程顺利施工的前提，前期规划、选址是否合理，临建规模是否满足主体施工需求，施工便道是否投入到位等皆影响后续主体施工进展。因此，在临建工程建设阶段管理处便额外重视，按照与主体工程同样的标准来抓临建建设。

一、临建规划一次到位

在各参建单位进场伊始，龙连管理处便结合《广东省高速公路建设标准化管理规定》及项目自身特点，颁布并下发了相关补充规定要求。例如，为减少厂区下雨积水，要求拌和站场地的排水坡度不小于1.5%；为保证足够的存料空间设置了最低棚顶高度；为控制临建施工质量，对临建材料建立准入制等。通过全线推行临建标准化施工管理，为龙连高速公路创建品质工程打下坚实基础，为接下来的实体工程施工质量提供保障。

同时，管理处要求各施工单位根据标准化管理规定及管理处下发的补充文件要求，结合各施工单位主体工程需求，在临建施工前必须上报详细的临建施工方案，经总监办及业主审核批复后方可进行临建施工。管理处从临建选址、临建规模以及临建投入等几方面提出了严格的要求。

1. 临建选址必须合理

管理处要求临建选址必须合理，三集中场地必须在本标段沿线选址建设，加工的成品、预制的小型构件、拌和的混凝土等，要尽可能缩短运距，保证第一时间供应到标段全线施工现场。同时，要确保地方道路至三集中场地道路畅通，以确保原材料能够顺利运输到三集中场地。对加工成品运至施工现场和原材料到场的方便程度进行综合考虑，以确保运输经济合理。此外，选址要避开重大地质灾害危险区域，以确保安全能够得到保障。

图2-1 合理选址三集中建设场地

2. 临建规模必须满足

龙连高速公路项目本身工期紧张，留给主体施工的时间有限，倒排工期紧迫，因此必须确保各环节施工顺畅，且旱季大干时必须增加施工投入。所以，临建的规模必须要充分考虑，拌和站的生产能力、料仓的储量、钢筋加工场的规模、预制梁场台座数量及存梁区大小等必须可以满足高峰期的施工需求，从而保证主体施工质量和进度需要，确保施工的连续性。

另外，进入主体施工前必须做好“三通一平”，尤其是对施工现场临电的需求。龙连高速公路全线桩基共有6659根，数量多，尤其控制性工程如三角枢纽互通在高峰期要大面积施工桩基，因此必须要配置相应的临电容量，从而满足高峰期钻机施工的需求。

图2-2 搅拌站封闭管理规模大

图2-3 项目部建设规模大且布局合理

3. 临建投入必须一次到位

便道选址是否合理，便道规模是否满足，关系到接下来的主体施工能否顺利进行。管理处要求各施工单位施工便道选址必须因地制宜，在尽可能避免破坏植被环境的前提下，一次性拉通关键施工点进场线路，确保人员、机械、材料能够顺利到达施工现场。同时，尽量避免由于二次改道增加施工成本和时间，也避免再次对自然环境造成破坏。另外，粤北山区雨水较多，进入雨季后很难有较长的晴天时期，因此施工便道的标准必须满足实际运输需求，必须一次性投入到位，不能因下雨便道泥泞而导致现场施工无法开展。随着工程推进，如到建设后期还要增加施工便道，建设成本及征地费用代价很高，因此在临建建设阶段一次性做好便道规划一次性投入，既可避免主体施工时临时增加便道影响工期，又能节约整体建设费用。

图2-4 施工便道

二、因地制宜，合理选址

沿线临建选址要做到因地制宜，充分考虑地方规划与节约土地资源，尤其项目部的建设，鼓励施工单位项目部利用当地现有建筑作为项目驻地，不但可以节约用地，还可以节省建设时间和成本，提升办公条件，改善生活环境。最终，全线16个土建标、3个监理标和2个检测标共21个标段，有13个标段项目驻地利用现有房屋建筑改造，利用率高达62%。

由于龙连高速公路地处山区，受沿线途经区域限制，项目周边无法找到合适场地建设预制梁场。为尽可能降低施工单位临建成本，尽可能减少线外征地而破坏农田，避免线外建场造成植被破坏，龙连高速公路项目创新性地允许各施工单位将预制梁场建设在主线上。这一要求虽然会带来相应的经济及社会效益，但对于工期如此紧张的龙连高速公路项目来说却充满了挑战。产梁进度滞后、架梁组织不力等均会对后续路基交验、路面施工带来相应的影响，而且预制梁场建设场地路基段必须要确保在2015年完成填筑。

龙连高速公路全线24个预制梁场全部设置在主线路基上，最大限度减少了线外征地，保护了生态环境和基本农田。而且通过梁场基础再利用研究，避免二次破除和投入，节约预制场、弃渣场、运输便道用地及用地复绿复垦共800余亩，节省施工和建设成本7000余万元，缩短了预制场清理时间，最大限度地保护了当地环境。同时，通过全线各参建单位的共同努力，积极组织梁场生产，加快运梁通道打通，因此在路基上建设梁场基本没有对主线路基交验及路面施工造成影响。

图2-5 项目驻地选用既有房屋

图2-6 预制梁场在主线路基上建设

三、考核评比临建提速

为尽可能缩短临建建设时间，同时为主体工程施工争取时间，龙连高速公路项目必须紧抓临建建设进度，管理处要求在临建开工前上报详细的施工组织及工期倒排计划，并在2个月内必须完成所有临建施工。同时，要求各标段加大临建施工投入，严格控制临建材料入场质量，避免二次返工造成时间及资源浪费。

管理处及时开展优质优价临建评比活动，要求各施工单位在临建建设过程中严格依照方案施工、严格遵守双标管理要求、严格落实施工节点计划，对建设质量高、标准化要求执行好、建设进度快的施工单位给予丰厚的奖励。此外，评比办法中还规定了参评准入门槛，各施工单位单项临建设施必须在管理处要求的2个月时间内完成才可以参与评比，哪一项临建没有按时完成则坚决扣除其相应奖励部分。管理处通过严明的奖励及处罚制度，激励各施工单位加大临建施工投入，确保全线临建工程在2个月内建设完毕，为接下来的旱季主体施工赢得宝贵的时间。

四、临建练兵优选队伍

在临建施工阶段，管理处开展了对各施工单位领导班组的考核，临建施工质量、进度推进情况等均作为对领导班组能力的评价指标。同时，管理处组织对施工单位及监理单位一般工作人员进行相关专业考试，对考试不合格的人员予以清退。通过以上措施，龙连高速公路在项目建设初期便淘汰了一些能力较差的人员，为接下来的主体施工优选出精干得力的项目领导班组和工作人员。

第三节 纲领指引 重视可实施性施组编制

龙连高速公路项目16个土建单位全部完成招标工作已经到了2015年6月底，相距2017年底的通车目标还剩两年半的施工时间，期间还要完成临建建设。面对如此紧张的工期压力，如何科学合理地进行施工组织成为了实现工期目标的关键。例如TJ9合同段，须在17个月内完成超过30万立方米的混凝土施工和440万立方米的土石方施工，如此庞大的施工量，如果没有一套科学的施工组织计划去指导施工，简直就是不可能完成的任务。

龙连高速公路项目自从土建单位进场伊始就提出了总体施工组织计划必须具备可实施性的要求，具备可实施性的总体施工组织计划必须要从严格审查开始抓起，龙连高速公路项目要求各施工单位的总体施工组织计划在编写完成后，首先要经过其上级中标单位总工审查，然后总监办组织管理处会同具备丰富施工组织经验的专家，从方案、技术、工艺流程、施工资源调配等多方面入手进行精细化审查。所谓“磨刀不误砍柴工”，有些施工单位的总体施工组织计划经过了几轮审查才通过评审，为的就是确保总体施工组织安排具备深度、前瞻性和合理性。

一、分项工程方案切实可行

分项工程施工所采用的工艺工法必须进行明确，例如桩基施工是采用冲击钻还是回旋钻，立柱特别是高墩采用的爬模还是翻模等。

二、总体施工计划满足要求

在明确的工期目标要求下，各分项工程的施工时间必须合理，施工顺序、施工流程、施工组织调配必须可行，人员、机械、材料周转的范围、距离和衔接程度必须合理，同时具备清晰的关键线路。特别是涉及梁板多的标段，梁板架设的顺序必须合理。经过反复推敲，形象进度必须量化到每月完成具体数量的桩基、承台、立柱、盖梁、预制梁、涵洞、土石方、隧道进尺等。

三、施工投入确保计划可实施

在施工组织计划中，人员、机械、材料的投入必须量化，对相应型号的设备和数量以及进场时间必须进行明确。钢筋、水泥、砂石料、模板、支架等主要材料必须要有清晰的使用计划。必须明确具体作业工人的进场数量和进场时间，机械设备特别是路基施工机械设备、桥梁施工机械吊车的进场数量及进场时间，同时须考虑配套的资金使用计划。

四、临建规划必须一步到位

临建规划必须做到“三通一平”，临建位置距离主线运距要合理，临建规模须根据生产规模一步建设到位，并适当富余。便道建设须一次规划到位。临电配置特别须注意要满足桩基布设的容量。

五、重点、难点有对策

针对每个合同段的特点，总体施工组织计划中要有针对性的施工安排，确保重点难点有预案。例如熔岩区施工、跨线施工、跨河防洪等均应明确相应的应急措施。

通过一系列全方位的严格审查，总体施工组织设计便从工期、质量、安全、成本、效益等各方面进行了科学合理的整合，既满足各方的目标要求，又能和谐统一各方的成本投入。如此一来，既能达到管理处要求的工期、质量、安全目标，又能确保施工单位各方面的投入和施工组织达到最优化。

六、施组计划严格落实

除了严把总体施工组织的审查关，接下来就是严格按照既定的施组设计把现场管控好。为了达到严格按照施工组织推进主体施工的要求，管理处多种采取举措严抓落实。

1. 人员落实到位

人员不仅仅是要求到位，更要确保合格。项目经理作为负责项目施工组织的第一责任人，必须对施工组织设计非常清楚。因此，在总体施工组织评审阶段，管理处就提出要求项目经理口头汇报总体施工组织设计，对思路不清晰或者不熟悉施工组织计划的项目经理直接进行调整。

项目经理不仅要管理思路清晰，还要具备相应能力。管理处自各施工单位进场伊始，就要求所有施工单位在进场2个月内完成临建，包括项目部、三集中场地、施工现场的“三通一平”等。龙连高速公路项目施工单位招标进场后刚好进入广东省的传统雨季，给各项目经理创造了难题。临建涉及报批、征地、迁改、建设、验收等工作，这些工作虽然看上去简单，但是在2个月内完成还是存在挑战，征地拆迁的时间用多了，建设的时间就短了，各方面都需要平衡。经过这样一轮考验，既有思路又有执行力的项目经理留了下来，形成了龙连高速公路项目最基础、最强大的战斗力。

2. 施工组织考核到位

对照总体施工组织设计，每月量化形象进度，例如具体数量的桩基、承台、立柱、盖梁、预制梁、涵洞、土石方、隧道进尺等，每周对形象进度完成情况予以考核。平均下来每周的任务量能完成，说明整体施工组织安排能够按照计划推进，但当每周完成的任务量不足时，须及时进行处置。

3. 突发事情处置果断，措施到位

当每周完成的任务量不足时，首先要分析原因，是征地原因、施工投入不足，还是施工组织不合理，要对照具体原因及时采取相应手段。小节点滞后了，如果涉及投入就适当加大可预见的投入，总比重大节点滞后了，再增加不可控或重大投入要划算。

细化管理、抓到一线，把管控思想传递到参建单位的上下各级。既要大胆管理施工单位，明确措施严厉手段；又要帮扶施工单位从其角度出发考虑和处置问题。

科学的施工组织设计辅以严格的考核管理，龙连高速公路项目从一进场就创造了2个月内完成临建的战绩。项目自2015年9月全面开工，2016年初土石方、涵洞、桩基便完成超过50%，同时完成建安费产值约35%。截至2017年初，完成建安费产值约95%。可以看出，项目整体工期安排基本符合预期，龙连总体施工组织设计的“可实施性”保证了龙连高速公路项目总体目标的实现。

第四节　劳动竞赛掀起建设热潮

龙连高速公路主体工程体量大、建设工期紧张，按照总体工期倒排必须利用2015年、2016年两个年度确保土建主体工程基本完成，如何切实有效地利用宝贵的时间成为实现总体建设目标的关键。

为充分调动龙连高速公路各参建单位及广大工程建设者的积极性、创造性，在确保工程质量和安全的前提下加快施工进度，龙连高速公路管理处先后适时举办了三次劳动竞赛活动，充分调动了各参建单位及广大工程建设者的积极性、创造性，极大地促进了龙连高速公路工程建设进展。

一、抓住旱季窗口，适时开展竞赛

龙连高速公路全线边坡共计985处，其中高边坡211处，挖方2780万立方米，填方2406万立方米，土方工程数量大，受天气影响大。广东省雨水较多，进入雨季后很难有较长的施工窗口期，土方工程进度严重受到多雨气候的制约。龙连高速公路管理处考虑到这点后，抓住旱季短暂施工时间，适时开展劳动竞赛活动。

第一次劳动竞赛开展时间为2015年9月16日至2016年1月15日。此时，所有标段临建设施已完成建设，由于正值粤北地区旱季，具备良好的大干施工条件，利用劳动竞赛刺激各施工单位前期加大施工投入，可以形成你争我赶的局面，营造大干氛围。万事开头

难，管理处有意加大第一次劳动竞赛的奖励金额，希望通过丰厚的奖励机制，使各参建单位迅速进入大干状态。同时，邀请各地方领导参加劳动竞赛动员大会暨征地拆迁推进会，将地方政府融入大干氛围当中，从而促进前期征拆工作的顺利推进，为主体工程顺利施工创造良好的环境。

第二次劳动竞赛时间为2016年3月1日至2016年5月31日，此时由于还未正式进入广东省雨季，仍具备较好的施工条件。通过开展第二次劳动竞赛，抓紧推进剩余土石方及桥梁桩基、下构施工，抓紧进行梁板预制，充分利用第一次劳动竞赛的战果，一鼓作气，啃下项目建设的“硬骨头”。

第三次劳动竞赛开展时间为2016年9月15日至2017年1月15日，此时正值旱季到来，也是各土建施工单位主体工程的收尾阶段，管理处适时开展第三次劳动竞赛，为各土建单位后期注入一剂“强心针”，既可以缓解施工单位后期资金压力，同时又希望各参建单位再接再厉，抢抓路基收尾工程，顺利完成路基交验工作，为接下来的路面施工创造条件。

管理处适时开展三次劳动竞赛活动，合理设置奖励机制，充分调动各参建单位的施工积极性，人员、机械、材料超配投入，合理的组织现场施工，利用有限的时间，尽可能创造更多产值。同时，采用先紧后松的思路，卡住关键节点工期，努力推进前期施工投入，确保下一阶段的施工有更加充足和合理的时间。通过合理的工期安排，龙连高速公路项目在紧张的工期压力下也可以较好地抓质量。

二、合理制定竞赛方案，充分调动奖励资源

所谓“谋定而后动”，在开展劳动竞赛之前必须要制定合理可行的竞赛方案，才能为竞赛的顺利开展保驾护航。

1. 整合资源，提高奖励额度

劳动竞赛的开展离不开资金的支持，“蛋糕”从哪里来，如何进行划分，关系到各参建单位最终的切实利益，也是调动各参建单位积极性的前提条件。龙连高速公路项目根据合同规定，将合同中预留用于劳动竞赛的“工程进度奖金”（第200—900章合计金额的1.5%）、“优质优价价款”中用于实体工程质量检查评比的奖金和省监督站综合评比优胜奖金（第200—900章合计金额的1.0%）、监理承包合同中“工程监理奖金”（D-1、D-2合计金额的4%）、“优监优酬奖金”（中标价的1.5%）、试验检测服务合同中“试验检测服务奖金”（施工期间试验检测费用的2.4%）、“优监优酬奖金”（中标价的1.5%）；设计合同中“优质设计与服务金”的20%，均用来作为对各参建单位的奖励，尽可能合理合法地将奖励“蛋糕”做大，充分调动各参建单位的投入积极性。

2. 利用奖励规则，调动积极性

龙连高速公路项目计划先后举办三次劳动竞赛，“蛋糕”虽然有了，但如何根据工程的进展情况在三次劳动竞赛中进行合理的分配，成了重点。劳动竞赛关键还是赛施工单位，龙连管理处领导高瞻远瞩，将施工单位的奖励分为产值达标奖和优胜奖两部分，并明确奖罚机制。

（1）产值达标奖。如完成管理处下达的产值目标则可获得产值达标奖，奖金为完成产值乘以规定奖励系数；若没有完成管理处下达的产值目标，不但没有达标奖励，反而会对其进行处罚，罚金为未完成产值乘以规定处罚系数（与奖励系数相同）。同时，为了充分发挥劳动竞赛的促进作用，三次劳动竞赛的奖励（处罚）系数皆不相同，依次分别定为2.5、2.0、1.5，为的就是在施工前期将奖金尽可能提高，一是给项目前期开好头，尽可能刺激各施工单位的主动投入意识；二是在项目初期尽可能给予各施工单位资金上的支持，为接下来的施工组织开好头。但同时也严明奖罚原则，重奖也会重罚，相应的处罚系数也同时增大，为的就是在项目伊始给各单位确立好准则，即为了项目加大投入保证进度则会有丰厚回报，否则只有更加严厉的处罚。

（2）优胜奖。为进一步激励施工单位的积极性，管理处在设立产值达标奖之上设立优胜奖，完成管理处下达产值目标的各施工单位可以进行优胜奖评比，这时不只是要比进度，管理处还会对各施工单位在劳动竞赛期间的质量、安全、进度、廉政与劳动关系、科技创新等情况进行综合评分，并分一、二、三等奖励标准，优胜者得之。

与此同时，为调动所有参建劳动者的积极性，管理处明文规定产值达标奖的奖金分配须倾向于奖励该标段项目部领导班子及施工班组，优胜奖的奖金分配须倾向于奖励该标段项目部领导班子。

在明确了各施工单位奖罚的同时，管理处对监理单位、试验检测单位、设计单位的奖励办法进行明确，原则上根据各单位所辖各施工单位的质量、安全、进度的表现情况奖罚，如所辖各施工单位全部达标则给予相应奖金，否则根据未达标施工单位数量乘以相应处罚系数进行处罚。

三、科学确定目标，保证竞赛可行

劳动竞赛方案确立后，就要确定各施工单位的任务目标。如何保证既能够最大化促进现场施工，又能够顺利完成竞赛任务，从而刺激各参建单位的积极性，成了难点。产值目标下达的太少则失去了劳动竞赛的意义，产值目标下达的过高施工单位完不成则会丧失积极性，因此如何科学确定竞赛目标成为重中之重。

在工程建设伊始，管理处严格组织审查各施工单位的可实施性总体施工组织计划，通过施工单位内部审核、报各自上级单位审核、监理单位初审、管理处初审、召开专家评审会五级审核制度严格对施工组织计划进行把关，要求施工组织计划能够体现切实可行的节点施工进度计划和科学合理的施工组织及投入，并且要有翔实可靠的保障措施。有了这样切实可行的总体施工组织计划，劳动竞赛的目标制定就有了可靠的依据。管理处结合各标段的施工组织计划，对每个标段在劳动竞赛规定时间内计划完成的产值进行了计算，同时考虑到标段目前现场实际情况，如征地拆迁顺利可以无障碍施工，则适当提高目标；如标段面临征拆困难，则相应折减一定比例。通过制定科学合理的劳动竞赛产值目标，确保满足工程进度需要且不冒进。管理处制定好的目标经与施工单位讨论后，各施工单位皆认为目标切实可行，虽然存在压力但通过合理的施工组织核投入能够顺利实现，这便起到了劳动竞赛的真正意义。在三次劳动竞赛中，各施工单位均圆满完成了劳动竞赛产值目标，且大部分标段都超额完成，工程质量安全进度总体可控，也验证了目标制定的合理性。

图2-7　广东省委常委、政法委书记、原河源市委书记何忠友（左三）参加龙连高速公路劳动竞赛动员大会

四、过程中严监管，多措施促生产

劳动竞赛开展过程中的监管尤为重要，如果不能在过程中及时发现进度的滞后及存在的问题，最终就算花费成倍的投入也未必能够挽回带来的损失。大的节点目标是通过一个个小的节点目标累计实现的，管理处将任务做细，明确各分项工程必须完成的时间，如土方要求完成时间节点、桩基要求完成时间节点、预制梁要求完成时间节点等，从完成一个个小节点目标来确保大节点目标的顺利实现。同时，管理处要求各施工单位根据劳动竞赛任务目标，制定翔实可靠的施工计划及投入情况，明确每周各分项工程须完成的内容。

此外，管理处通过制定周进度报告制度，要求各施工单位在每周末上报本周实际完成进度情况。管理处根据现场实际情况进行把关审核并对照施工计划进行具体分析，如发现本周进度与计划发生出入，则要求施工单位立即制定补救措施及时进行纠偏追赶进度；如连续几周进度均没有明显提升或滞后逐渐拉大，则管理处会考虑处罚相关单位，乃至约谈相关单位上级领导，以争取施工单位上级单位的支持，加大施工现场投入追赶进度。正是由于管理处严抓过程中的监管，并采取多种措施、手段促进落实，各施工单位全力投入及有上级单位的鼎力支持，三次劳动竞赛才能取得圆满的成功。

五、竞赛结果创佳绩，质量进度得保障

通过各参建单位的共同努力，三次劳动竞赛皆取得了圆满的成绩，第一次劳动竞赛共完成建安费产值约16.31亿元，达到下达产值任务15.36亿元的106%；第二次劳动竞赛共完成建安费产值约15.30亿元，达到下达产值任务14.79亿元的103%；第三次劳动竞赛共完成建安费产值约23.03亿元，达到下达产值任务20.21亿元的114%，三次劳动竞赛均超额完成了既定任务目标。

图2-8　广东省南粤交通投资建设有限公司总经理尹良龙出席劳动竞赛总结表彰大会

通过适时开展三次劳动竞赛，在确保工程质量、安全的前提下，管理处极大调动了各参建单位的积极性，各参建单位均超额完成既定任务，为龙连高速公路通车目标的顺利实现夯实了基础。同时在此期间，广大工程参建者积极响应管理处的号召，以高度的责任感和使命感，大力发扬攻坚克难、无私奉献的精神，一大批优秀工作者脱颖而出，管理处为这些优秀的工程建设者颁发了个人证书并给予了奖金。

第五节　精密部署八大控制性工程

龙连高速公路有八大控制性工程，分别是2座特长隧道：金花隧道、粗石山隧道；3座大跨径连续刚构桥：东江大桥、蛇背大桥、大埠河大桥；3座枢纽式互通立交：佗城枢纽互通、三角枢纽互通、元善枢纽互通，这8处控制性工程施工难度大，协调难度高，施工时间长，是决定龙连高速公路能否按时通车的关键性控制工程。龙连高速公路建设者众志成城，为全力促进控制性工程建设进展，做了许多努力和思考，为总体通车目标的顺利实现奠定了基础。

一、特长隧道施工

龙连高速公路的2座特长隧道，分别为全长4738.5米的金花隧道和全长4196米的粗石山隧道。2座隧道围岩情况并不是特别理想，其中金花隧道Ⅳ、Ⅴ级围岩比例占隧道全长的52%，粗石山隧道Ⅳ、Ⅴ级围岩占隧道全长的60%，如果按照正常施工是无法满足工期需求的。龙连高速公路项目为了尽可能促进特长隧道的施工进度，通过邀请相关专家现场论证，在保证安全和质量的前提下尽可能提高开挖掘进速度，Ⅳ级围岩仍采用全断面开挖，短进尺、多观测，为特长隧道的整体工期节省了时间。

隧道内围岩情况复杂，需要处理大量的变更工作，龙连管理处安排专职副经理处理2座特长隧道的变更工作。一旦发现围岩情况有变化或发生突发情况，会在第一时间赶赴现场进行变更处理，现场办公、现场定方案，确保施工不间断。

图2-9　粗石山隧道洞口

二、大跨径桥梁施工

东江大桥主跨100米，蛇背大桥主跨120米，大埠河大桥主跨150米，这3座大桥均为大跨经连续刚构桥，其中蛇背大桥墩高82米，大埠河大桥墩高78米，均为高墩。由于高墩和大跨径连续梁均需要分节段浇筑施工，因此施工难度很大，但受总体工期的限定，又无法仅仅通过加大人员设备投入来加快墩柱和上构施工进度。为了使大跨径桥梁总体施工进度能够尽可能加快，龙连高速公路项目做了一系列努力，也提出了一些方法：

1. 重点突破加快征地拆迁

工程施工，征拆先行。前期如果征地拆迁无法推进，就算再科学地组织施工也无法实现，对整体工期也是极大的浪费。大跨径桥梁整体施工进度本身就很长，属于全线控制性工程，因此在前期征拆工作中必须进行重点攻破，以最快的速度提供施工场地。

2. 加快桩基施工进度

墩柱和上构无法大幅度加快，但必须在桩基施工阶段加大投入，尽可能缩短桩基施工时间，为接下来墩身及上构施工争取时间。同时，施工单位鼓励班组实行24小时轮班施工，提出了“战晴天，抢雨天，项目全员参与”的生产口号，同时制定了详细的奖励措施来激励施工队伍。遇到小雨天气，在确保安全的前提下，现场工人仍穿着雨衣争分夺秒、安全有序地组织施工。

3. 优化设计尽可能减少上构节段数量

由于连续梁需要分节段施工，每个节段从移挂篮、钢筋绑扎、模板安装、穿钢绞线、浇筑混凝土、养生、张拉，每个循环时间都是固定的。如果要缩短整桥的施工工期，就需要合理优化连续梁节段长度，尽可能减少连续梁节段数量，才能减少施工循环次数，从而大幅缩短整体工期。

三、枢纽互通上跨施工

龙连高速公路有3座大型枢纽式互通立交。其中，佗城枢纽须11次上跨梅河高速公路主线及其龙川西互通匝道桥，三角枢纽须5次上跨粤赣高速公路主线，元善枢纽须3次上跨大广高速公路主线。上跨既有高速公路施工，前期施工许可办理周期时间较长，协调难度大，并且施工过程中需进行严格的安全防护及安排大量的交通管制工作。龙连高速公路各参建单位为尽可能促进枢纽互通上跨施工，尽可能减少对既有高速公路的影响，做了许多努力和思考。

1. 尽早启动施工许可办理工作

因上跨既有高速公路施工，安全风险高，涉及施工组织方案及交通管制方案的编制和评审，并需要进行复杂的施工许可办理工作，前期准备周期较长，因此必须重视并尽早组织启动上跨、拼接既有高速公路施工许可的申报工作，及早完成相关方案的准备，并与对方单位尽早接洽。只有尽快完成施工许可的批复，才能为接下来的施工争取时间。

图2-10　蛇背大桥主墩施工

图2-11　大埠河大桥施工完成

2. 施工前要进行详细勘查

枢纽互通涉及交叉拼接既有高速，施工组织复杂，尤其像佗城枢纽是在原有梅河高速龙川西互通上叠加建设，互通圈内地形复杂，在施工过程中会遇到许多变更及协调问题，因此需要尽早进入互通内进行详细的勘查，及早将问题暴露出来，尽早进行相关设计优化，以免后期影响施工进度。

另外在施工过程中发现，个别桥梁须下穿既有高速公路桥梁施工，但预留净空过小，正常架桥机无法顺利完成架设，须单独对架梁设备进行改装，不但增加了施工单位成本，同时也增加了施工时间，这些问题都是需要在设计阶段进行详细勘查并考虑的。

3. 确保前期施工大量投入

对方高速在涉及重大节日时要保畅通，必须适时解除交通管制，这便会对我方施工进度造成影响。因此在枢纽互通施工过程中，必须考虑到这些时间节点，合理安排施工工期，在前期必须加大投入，优先抢出上跨既有高速公路施工部分。

图2-12 三角枢纽互通上跨粤赣高速

正是由于龙连高速公路全体参建人员的不懈努力，通过各种措施和手段促进八大控制性工程的施工进度，最终使得八大控制性工程能够在计划工期内顺利完成。尤其是2座特长隧道施工速度惊人，广东省内相似规模的特长隧道项目开挖贯通时间平均要在30个月左右，但龙连高速公路项目中金花隧道顺利贯通仅用了21个月、粗石山隧道顺利贯通仅用了19个月，2座特长隧道均刷新了广东省特长隧道的开挖贯通记录。八大控制性工程能够按计划甚至提前顺利完成，为实现龙连高速公路2017年底通车目标奠定了坚实的基础。

龙连品质　大道坦如砥

龙连高速公路以质量第一为管理核心，以精干高效为管理手段，以贯彻落实为行动准则，以“双标管理”为控制标准，通过管理、工艺、技术的创新和推广，优化管理手段，优化施工工艺，确保工程质量。同时，管理处根据项目特点制定管理手册，提高实体内在指标，加强隐蔽工程施工工序，精心设计绿化工程施工，倡导可持续发展施工理念，以实现项目内涵美，生态美。龙连项目以质量树形象，全力打造龙连高速公路品质工程。

广东省南粤交通投资建设有限公司基建管理部部长孙家伟（右一）在龙连高速公路施工现场出席“南粤品质工程”创建活动启动大会暨上半年基建管理现场工作会

第一节　质量淬炼龙连品质

一、针对工期特点，加强高填路基质量控制

龙连高速公路要在2017年底实现通车目标，工期比同期开工的项目少了整整一年，这对土石方工程影响尤其明显。经过不懈努力，2016年春节前路基土石方工程即完成70%，很大限度为路基的自然沉降争取了时间。

管理处针对项目工期特点，及时开展堆载预压、强夯等一系列路基补强措施，提高高填方路基质量，减少路基工后沉降，保证路基安全稳定。特别是对于强夯措施，管理处通过试验段确定具体施工参数，并根据填土高度、路基类型、台背位置等，制定出一套科学合理的强夯施工方案。主线路基采用重型击实设备夯实，涵洞及桥梁台背位置和路基边部采用液压补夯。各施工单位严格执行方案并留存影像资料，监理全过程旁站监督，业主定期抽查，确保强夯工作保质保量完成。

图3-1　重型强夯结合液压夯实对高填方路基进行处治

二、粤北山区雨水多，严抓排水工程质量

粤北山区雨水较多，因此要确保排水工程满足实用性、可靠性、耐久性要求。管理处在项目建设全过程严抓截水沟等浆砌结构物施工质量，从石料质地、规格是否满足要求，砂浆是否采用机械拌和，到施工过程中结构尺寸控制、线形控制、砂浆饱满度、勾缝质量等，多方面对截水沟等浆砌结构物施工进行了严格要求。同时，严格落实浆砌结构物首件施工，对不满足要求的浆砌结构物立刻返工处理。

图3-2　采用定型钢模进行边沟浇筑

图3-3　堑顶截水沟效果图

三、确保边坡稳定，边坡“三同时”施工

龙连高速公路致力于建设成生态路、环保路，在项目开工伊始，管理处就提出“边坡开挖一级、防护一级、绿化一级”的“三同时”施工原则，以减少边坡病害、滑塌，保证边坡的平整度。管理处对边坡绿化尤为重视，多次邀请专家对绿化配合比进行讨论设计，通过绿化试验段对配合比进行验证、调整、优化，并组织外出考察，借鉴广东省内外先进经验，深入探讨，多方位总结，分别对石质、土质、土石混合边坡绿化配合比进行明确。精心设计的绿化配比和及时跟进的绿化施工，既保证了边坡的稳定性，又提高了道路整体形象。

四、优化工艺工法，推广微创新

为保证龙连高速公路实体质量达优，各参建单位采取了一系列工艺、工法优化创新手段。例如，钢筋间距是工程实体质量控制的关键一环，如控制钢筋笼箍筋间距、预留预埋钢筋间距、预制梁钢筋间距等，通过切实有效的优化控制、检查手段，使一线工人

图3-4　边坡绿化效果

能够方便、熟练地掌握控制技巧，有效提高了钢筋合格率。

1. 重视预防控制、过程检查，提高钢筋间距合格率

为控制预制梁防撞栏预埋筋间距，工人创新制作胎架进行加工，调整间距后焊接固定，再进行安装，确保了预埋筋间距合格率。

图3-5　采用模架加工防撞栏预埋钢筋

图3-6　间距尺寸控制良好

为防止预制梁钢筋骨架绑扎好后在吊装过程中发生变形，工人创新加工吊装胎架进行整体吊运，保证预制梁钢筋骨架不会发生变形。

图3-7　加工胎架整体吊装

此外，管理处还定制钢筋笼箍筋检测卡尺、卡槽，方便工人对每一处间距进行自检，有效地控制了箍筋间距合格率。

2. 推行环刀法破桩头，保护桩基完整及连接钢筋

采用环刀法破除桩头，可以有效保证桩基完整性以及桩基的外露钢筋不被破坏，保障桩基与立柱的连接质量。自控制性标段进场开工伊始，管理处便着力推行采用环刀法破除桩头的技术，并严令各参建单位按照环刀法破除工艺进行施工，多次组织各参建单位进行环刀法破桩头经验交流学习，起到了良好的效果。

3. 重视防撞栏施工质量，有效控制外观及线型

为有效控制防撞栏施工质量，管理处对防撞栏模板实行严格的准入制度，并推广使

用防撞栏台车，严格落实首件制度，对实体质量不达标、外观线型差的防撞栏一律做返工处理。

图3-8　制作检测卡尺控制钢筋间距

图3-9　组织环刀法破桩头工艺交流观摩

图3-10　环刀法破桩头效果良好

图3-11　防撞栏施工台车

图3-12　防撞栏外观线型良好

4. 混凝土护栏工厂化流水线施工，提高产能保质量

龙连高速公路路面护栏及小型混凝土预制构件采用工厂化流水线施工，模板拼装、钢筋安装、混凝土浇筑、振捣成型、收面抹光、拆模转运及喷淋养护等工序均通过滑行轨道实现半自动化流水线作业，很大限度节省了人力物力、提高了生产效率，同时保证了护栏及混凝土预制构件的施工质量。

图3-13　预制护栏流水线工厂化生产及养生、集中存放

5. 路面工程精细化、标准化施工

管理处高度重视路面各结构层施工质量，积极推广落实精细化、标准化施工。碎石垫层采用大型摊铺机进行摊铺作业，采用立模、边部撒水泥浆稳定等措施，确保边部线形顺直美观。

图3-14　碎石垫层采用大型摊铺机规范化施工

图3-15　垫层施工支钢模边部浇水泥浆压实

水稳基层落实标准化施工，采用专门制作的沙袋进行压边，并复合土工布进行养生，以保证养生质量。中分带水沟推广采用滑模施工，不仅线性美观、顺直，还能够节约人力、提高工效。

图3-16　水稳基层标准化施工、规范养生及中分带水沟滑模施工

五、严格把控首件验收，不合格产品坚决返工

为把控各分项工程施工质量，龙连高速公路项目要求严格落实分项工程首件验收制度，各分项工程需上报方案并经总监办审批通过后方可施工，每个标段首件验收必须由工程部副经理以上人员参加，未通过验收不得进行大面积施工。管理处通过严抓首件制度，给施工队伍树立了良好的质量标准，从而使全线总体质量得以保证。对于关键性工程，如桩头处理、梁板预制、桥面铺装施工、防撞栏施工、伸缩缝施工等，管理处会适时组织全线现场交流观摩会，通过树立全线首件标杆，严明质量要求和底线。

同时，管理处在日常检查中对发现的质量问题下发业主指令，并及时督促监理、检测单位跟踪落实情况；对重复出现或严重违规的质量问题严格处罚；对不合格产品坚决予以返工；对不合格人员予以及时清退，严格按制度规定进行处理。在严格的制度下，施工过程中检查发现的不合格边坡防护、浆砌水沟、立柱、涵洞、小箱梁均已返工，不

图3-17　不合格浆砌水沟返工

图3-18　不合格墩柱返工

图3-19　不合格涵洞返工

合格监理人员均已及时清退。管理处对待不合格产品采取零容忍态度，对责任人落实责任追究制度，从根本上提高了质量管理的执行力。

六、落实质量周报制度，实现质量精细化管理

管理处要求建立监理、检测单位质量巡查周报制度，并每周上报，针对路基层厚、钢筋数量、下料长度、钢筋间距、混凝土强度、保护层厚度等质量控制关键点，分别建立质量跟踪台账，及时进行全过程跟踪检测。针对质量缺陷、质量下滑等问题及时跟踪处理，实现全过程质量的精细化管理。

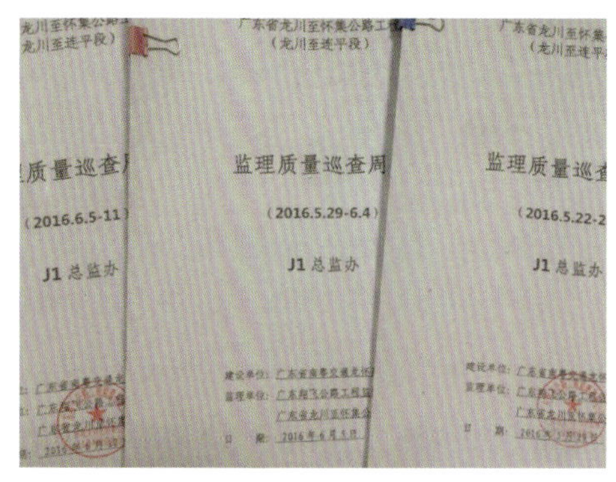

图3-20　质量巡查周报

龙连高速公路 J1 总监办　质量巡查台账

标段	序号	工程部位（细化至顶板、底板等，包括隧道墙头尺寸）	检测项目	施工日期	检测日期	检测点数	合格点数	合格率（%）
TJ1	1	无						
TJ2	2	k10+848 盖板涵第 4 节墙身	墙身厚度	2016.6.06	2016.6.07	5	5	100%
TJ2	3	k10+848 盖板涵第 5 节墙身	墙身厚度	2016.6.07	2016.6.08	5	5	100%
TJ2	4	青塘岗左 2–2 小箱梁	长度	2016.6.07	2016.6.08	3	3	100%
TJ2	5	青塘岗左 2–2 小箱梁	顶板厚	2016.6.07	2016.6.08	15	15	100%
TJ2	6	青塘岗大桥左幅 0# 耳背墙	背墙厚度	2016.6.08	2016.6.09	3	3	100%
TJ2	7	青塘岗大桥左幅耳墙	耳墙长度	2016.6.08	2016.6.09	1	1	100%
TJ2	8	青塘岗大桥左幅耳墙	耳墙厚度	2016.6.08	2016.6.09	2	2	100%
TJ2	9	k10+848 盖板涵第 6 节墙身	墙身厚度	2016.6.08	2016.6.09	3	3	100%
TJ2	10	k10+848 盖板涵第 7 节墙身	墙身厚度	2016.6.09	2016.6.10	5	5	100%
TJ3	11	义部互通主线桥右幅 19–3 箱梁	几何尺寸	2016.6.6	2016.6.6	8	8	100%
TJ3	12	义部圩特大桥 2#–1/2 墩柱第 4 节	几何尺寸	2016.6.6	2016.6.6	1	1	100%
TJ3	13	义部圩特大桥 8#–1 墩身第 10 节	几何尺寸	2016.6.6	2016.6.6	4	4	100%

图3-21　质量跟踪台账

七、严抓原材料质量，实体工程有保证

“巧妇难为无米之炊”，没有合格的原材料，即使有再好的施工工艺和再优质的施工队伍，也打造不出合格的产品。管理处致力于严格控制原材料的招标和准入，为使水泥质量持续稳定可控，管理处在甲供材料招标时对各种品牌水泥的质量进行了严格的盲样比对试验，通过优选确定甲供水泥品牌。同时，为避免出现中标品牌供应不及时而长时间采用其他入围品牌的情况，管理处创新性地取消入围备用品牌，将中标品牌互为备用品牌列入合同文件，使水泥质量得到有效控制。

施工过程中，管理处严格监控甲供水泥品牌的使用情况，施工单位反映水泥质量不稳定，管理处第一时间停用水泥供应，并组织调查原因。管理处还曾多次邀请水泥厂家进驻龙连高速公路项目，对各施工单位水泥混凝土配合比进行指导调试，使龙连高速公路混凝土外观、质量保持优良。究其源，溯其本，严格把控原材料质量。

路面工程未雨绸缪、抢占先机，严抓备料环节，提早规划备料场地，优选石料厂家，确保石料质量及产能满足项目需求。龙连高速公路项目通过严抓备料环节，在确保备料进度的同时又有效控制原材料质量，做到路面备料进度与质量的双控，为路面工程施工打下坚实基础。

八、提前组织缺陷整改，细做收尾工程

管理处在土建收尾初期即组织制定了全线土建工程缺陷的“排查-整改-闭合”计划。管理处领导分组带队，逐标段“以步丈量”排查全线土建工程缺陷，对边坡补土、水沟接顺、工点复绿等缺陷问题拍照并建立问题台账，同时现场确定修复时间。然后，以问题台账为基础，分阶段对各标段缺陷整改完成情况进行考核，对已整改的缺陷进行复查并拍照留档，对整改落实严重滞后的进行处罚。通过连续三轮的缺陷工程排查整改，基本在交工验收之前将缺陷、隐患逐一消灭。

第二节　打造生态和谐之路

龙连高速公路前期就定位为“建设成一条绿色之路、生态之路、环保之路”，因此项目规划、设计、施工各方面均按此要求进行打造。设计阶段实行生态选线，避让基本农田，优先选用桥梁和隧道穿越，避免大挖大填，实现用地最小化。施工阶段通过严抓边坡绿化，落实路域景观提升等手段，将龙连高速公路打造成一条生态和谐之路。

图3-22　龙连管理处工程管理部集体合影

一、边坡绿化三同时，创建绿色龙连

龙连高速公路边坡共计985处，这些边坡是项目景观组成的重要部分。为控制边坡效果，保证项目整体景观，管理处着重从边坡植物的选择和防护施工方面进行管理，要求

边坡施工做到“开挖一级、防护一级、绿化一级”，同时动态优化边坡设计。

为实现边坡施工“开挖一级、防护一级、绿化一级”的目标，边坡绿化实行首件制，即通过绿化试验对配合比进行验证、调整，选出与周边环境最融合的绿化配比并在全线推广，做到绿化与周围环境浑然一体，营造和谐路景。

管理处要求施工过程中开挖一级后报监理检查，地质条件如有变化，及时通知管理处查看现场并召开现场会议，确定施工方案，实现动态优化设计。对于边坡线型和间距等施工质量控制，实行施工单位自检后报检制度，并纳入月度检查。管理处通过组织边坡专项检查、边坡工程专项评比等方法提高边坡施工质量。

图3-23 边坡绿化效果

二、路域景观提升，创建多彩龙连

龙连高速公路倡导人性化、本土化、绿色化设计，主线可见所有取、弃土场，桥下空间和填平区全部进行绿化，着力打造绿色交通，项目通车时要求沿线可绿化路段绿化率100%，植被恢复率和临时占地率98%以上。项目以“客家古邑，多彩龙连”为主题，通过因地制宜和有效的植物组合，增加绿色植被防护面积，使得路域景观显著提升，打造“低碳安全、生态美观、多彩龙连、万绿河源”的景观高速公路，构建路地和谐关系。

管理处要求绿化工程施工过程中严抓苗木规格，且单一规格苗木不能低于设计最低规格，从苗木规格上严抓严管，确保实现设计效果。重点关注公众可视时间较长和停留时间较长的区域，如中分带、服务区、隧道边仰坡，按照“好钢用在刀刃上”的原则，对这些区域进行专项设计；提高中分带苗木的规格，在整个绿化工程费用有限的情况下，实现最好的施工效果。例如，连平西服务区周边自然景观较好，但此处原是一个取土场。通过合理设计，便可将此处打造为一个观景平台，吸引公众停留，缓解驾驶疲劳，为公众的个性化出行提供便利，提升服务体验。

图3-24　路域景观提升，打造绿色交通

图3-25　中分带及边坡绿化效果

三、隧道零开挖进洞，创建生态龙连

隧道进洞开挖往往会对山体结构和植被造成巨大破坏，既扰动原有山体，容易造成山体滑坡、水土流失等地质灾害问题，又破坏原有生态景观。管理处注重隧道零开挖进洞施工理念，推行采用“零开挖+明洞”方式，在粗石山隧道进洞施工前对地表及洞口位置进行详细测放及不断优化，使得隧道进、出口实现零开挖进洞，尽可能降低了施工对山体的破坏，保护了山体的原有结构及原生态植被，保证了洞口结构稳定以及施工与自然环境的有效和谐统一，做到了公路与自然和谐共存。

图3-26　粗石山隧道进口零开挖进洞

四、隧道内灯光效果提升，创建景观龙连

为了缓解特长隧道内长时间行车给驾驶员带来的疲劳，提升驾驶员驾驶体验，龙连管理处牵头组织，在满足《公路隧道照明设计细则》（JTG/T D70/2-01—2014）标准要求的前提下，在粗石山隧道内中间100米处洞顶位置设置了灯光带，对洞顶实施景观照明，形成不同的视觉场景效果，在隧道内创造了一片“蓝天”。景观照明的出现，缓解了行经隧道驾驶员的视觉疲劳，减少了其烦躁、焦虑等不良感觉，从而使行车安全度和舒适度得以提高。

图3-27　隧道洞顶景观照明

第三节 交叉施工作业路面“零污染”

龙连高速公路在路面施工前期即认识到路面施工“零污染”的重要性，因而采取多项具体措施为路面“零污染”施工创造条件，同时在路面施工过程中加强管理，严格执行，确保路面施工“零污染”落到实处。

一、避免交叉污染，确保全断面路基交验

管理处通过制定路基交验制度，在一开始就明确了路基全断面交验的原则，即边坡及排水等土建附属工程未完工时不得进行路基交验，很大限度减少了后期路面施工阶段交叉作业数量及频次，为路面施工“零污染”创造良好的前提条件。同时，管理处提早部署土建单位进行桥头搭板及过渡板施工工作，为后续进行路面施工进一步创造了良好的施工条件，有效地减少了交叉作业。

图3-28 路基落实“全断面交验”

二、优化中分带枕梁设计，为后续交叉施工抢时间

管理处通过优化中分带现浇枕梁设计优化施工工序，提前安装护栏并节约预制护栏存放场地，为路面施工早日实行交通管制创造条件。同时，管理处提早推进中分带填土及绿化，为后续合理组织机电、绿化等交叉作业创造前提条件，很大限度减少了后期施工的交叉污染，为路面施工“零污染”抢到了时间、创造了条件。

图3-29　优化中分带现浇枕梁设计

图3-30　合理优化护栏施工组织

三、滑模摊铺附属混凝土工程，高效推进路侧填土及绿化

传统的超高段纵向排水沟施工工艺以人工立模、混凝土现浇为主，需依次进行沟底混凝土浇筑、沟壁立模、沟壁浇筑等工序。但其由于工序烦琐、线型及外观质量随意性大、进度受工人模板投入数量制约、受工人熟练程度影响，质量不易得到保证。

因此，路面附属混凝土工程推广采用滑模摊铺施工排水沟、路缘石等设施，使得滑模摊铺一次成型，很大限度提高了施工效率，保证了外形美观、线性顺直无错台。同时，又节约了预制存放场地、减少二次倒运，大幅降低了施工成本，一举三得。施工后，及时切缝并采用复合土工布覆盖养生，以保证养生效果，避免产生裂缝。

图3-31　中分带水沟滑模施工及养生效果

滑模摊铺纵向排水沟依靠滑模摊铺机及定制的模具，使混凝土经布料装置进入模具与基础之间，通过成型的模具形成设计形状的排水沟在内置振捣棒的作用下密实成型。其工序简单、一次成型、整体强度高、进度较快、节省时间，且采用定制模具，施工质量易得到保证。由于现场作业面需求较小，配备辅助工人少、场面规整，且滑模施工后可立即进行清理，故文明施工效果较好。同时，由于能够有效减少纵向排水沟在基层施

工过程中损坏的数量，因此能够显著加快路面工程的施工进度，提升施工质量。

图3-32　路缘石滑模施工

四、路面施工前必须确保涉土施工全部完毕，避免交叉污染

管理处自沥青下面层试验段施工前即对全线规划、制定沥青路面施工标准段，通过制定各交叉作业完成时间节点等方式协调推进机电、交安、绿化等施工作业。根据全线施工工点具体情况，对个别病害边坡施工路段进行专项隔离，规避土建与路面施工的交叉作业，要求路面沥青层施工前必须确保涉土施工全部完毕，保证路面施工“零污染”。

五、发“证”设“卡”，严格落实交通管制

路面工程施工开始后，管理处组织路面合同段对所辖路段主要出入口及污染源设置“岗亭”“移动洗车槽”“混凝土护栏路障”“Z”字形水马及交通指引标志，同时向各

图3-33　“零污染”施工措施及交通管制

图3-34　路面“零污染”保持效果

参建单位车辆发放“通行证”，保证所有车辆严格按照交通指引路线行驶，并杜绝将污染物带至路面结构层。管理处通过具体交通管制措施将“零污染”施工理念制度化，保证路面结构层施工质量。

第四节　纵然千般难　平安在心间

龙连高速公路全线点多、线长，地质条件复杂，桥隧比高，多处涉路跨江（河），施工任务重，安全风险高，安全管理难度和压力巨大。为切实抓好安全管理工作，项目开始就明确了安全管理目标，即实现安全生产“零责任事故”，创建“平安工地”示范项目。为实现安全管理目标，管理处扎实推进各项安全管理工作。

图3-35　广东省南粤交通投资建设有限公司副总经理张其浪（右二）检查龙连高速公路安全生产工作情况，公司安全生产监督管理部部长覃辉鹏（左三）陪同检查

一、牢抓风险评估与重大隐患清单预控

龙连高速公路全线开展桥梁施工安全总体评估1次和专项风险评估13次、隧道施工安全总体评估1次和专项风险评估5次、路堑高边坡安全总体评估1次和专项风险评估11次，同时完成地质灾害风险评估16次。管理处积极制定重大隐患清单，进一步明确了各类风险源管理制度，以综合指标定量化反映施工现场的主要特点和破坏损失程度，明确危险源的风险等级及位置，为制定专项施工方案，有针对性地制定措施提供了可靠的依据。

二、狠抓危险性较大分部分项工程

管理处狠抓危险性较大的分部、分项工程，对于危险性较大的分项工程以及施工中的薄弱环节和关键部位进行重点管控。在现浇支架方案评审中，管理处统一标准，杜绝使用门式和碗扣式支架，要求采用新型盘扣式支架或“钢管柱+贝雷梁”组合支撑体系，增强了安全系数，降低了安全风险。

龙连高速公路在人工挖孔桩的方案评审中，通过补勘和优化方案，减少了1000余个挖孔桩，合理减少风险量，最终审批通过1739个人工挖孔桩。山区高速，地势险要，龙连人如坐针毡，督促施工单位严格落实安全措施，加强日常监管力度，最终以零安全事故顺利完成项目。

三、安全标准化创建和安全生产创新成果卓有成效

龙连高速公路由于参建单位多，各单位安全管理水平、人员素质参差不齐，导致安全标准化推行难度大。为此，管理处统一标准，制定下发了路基高边坡、桥梁、隧道、跨路施工、路面交通管制、临时用电、平安工地内业7项标准化图文手册。同时，在施工现场树立标杆样板工程，通过分阶段组织全线安全技术交流会和标杆考核评比，提高了项目整体安全标准化管理水平。龙连高速公路项目进行过程中，共创建专项“安全标杆”12项，经专家评审，桥面施工安全防护和防撞护栏施工台车获得“南粤公司安全生产标杆”殊荣。

图3-36　桥面施工安全防护

此外，管理处大力鼓励支持安全生产技术创新，在专业规范和丰富从业经验指导的基础下，先后产生了“钢筋调直机滑行轨道”“二氧化碳气体保护焊”“桥梁防撞栏模板台车”“T梁负弯矩张拉施工作业平台”等17项安全创新成果。一项项先进的创新成果，助力龙连高速公路安全攀登一级级新台阶。

图3–37　防撞栏施工台车

四、“平安工地”建设获示范

龙连高速公路参建单位严格落实“平安工地”各项指标，项目部每月、总监办每季度、管理处每半年开展一次考核，经广东省交通运输厅、广东省南粤交通投资建设有限公司考核评价，龙连高速公路项目2015、2016连续保持“平安工地”示范和广东省南粤交通投资建设有限公司年度安全考核优秀单位，被广东省交通运输厅授予2015年公路水运工程“平安工地”示范项目。

正是由于龙连“安全人”的艰苦奋战、严格要求、开拓创新，龙连高速公路项目始终保持项目安全生产平稳态势，实现了安全生产“零责任事故”和创建“平安工地”示范项目的目标。

图3-38　龙连管理处安全管理部集体合影

龙连创效　领异标新花

古人云："兼相爱，交相利"，施工单位因其企业性质必须创造效益才能生存。在以往项目管理中，业主方总认为一味要求施工单位加大投入才能促进工程进展，然而，龙连项目考虑到各施工单位作为项目参建的一份子，本身就存在"牵一发而动全身"的性质，因此在保证质量和工期的前提下，尽可能为其节约成本，也同时为整体龙连项目降本增效。

龙连管理处财务管理部集体合影

第一节　让洞渣产生最大效益

龙连高速公路隧道共有5座，其中特长隧道2座，总长11844.5米。按照以往的管理惯例，隧道洞渣普遍被项目内土石方调运利用，但实际隧道开挖出渣速度远远无法满足路基填筑进度需求，从而导致大部分洞渣最终弃掉，利用率极低，而业主自行将洞渣利用加工成碎石则又存在较大风险。通过前期对龙连高速公路周边地方碎石加工场的调研情况得知，龙连高速公路所处连平县区域没有优质碎石，附近大广高速公路采用的碎石需要到江西省购买，成本过高。因此如何合理利用隧道洞渣成为龙连高速公路建设管理的一个现实课题。2015年，龙连管理处力推管理创新，通过合同约定、技术管控、深化管理等一系列管理手段，使隧道洞渣“变废为宝”，成为精细管理、开源节流、降本增效的重要措施。

一、统筹谋划，合同约定

龙连管理处在项目策划阶段就开始布局，明确隧道洞渣利用的指导思路，从项目招标入手控制造价。

1. 降低招标下浮率，减少造价

根据以往经验，隧道洞渣归业主所有，但龙连管理处对两个特长隧道合同段在招标文件中明确规定，隧道洞渣权益归承包人处置。同时，管理处在招标时将拟定的控制价下浮率相应降低2%～3%。两个特长隧道合同段招标控制价将近10亿元，管理处通过招标下浮收回隧道洞渣处置所产生的收益，由此减少建设成本两千余万元。

2. 约定洞渣利用方式，节约造价

管理处就隧道洞渣利用方式与隧道合同段承包人进行约定，要求承包人就地选址建场，生产制作出合格的各种型号碎石自用，其余碎石限价供应给龙连高速公路内其他相邻合同段。因此，隧道合同段不仅有数千万元的经济效益，其他施工单位使用每方比区域市场价低至少20～30元价格的碎石，也节约了几千万元施工成本。此外，隧道合同段提供给相邻合同段优质碎石不仅保证了工程质量，同时遏制了周边市场碎石价格的非理性增长。如此一来，项目参建各方均享受到了洞渣利用所带来的切实利益，各施工单位的积极性也被充分调动，同时管理处也节约了成本，充分体现了参建各方的合作共赢。

3. 防范碎石调差风险，控制造价

各参建施工单位采用隧道合同段自产碎石，同时还减少了管理处可能增加的碎石调差隐性成本。根据各土建合同约定，管理处需对各合同段桥梁、隧道工程中水泥混凝土所消耗的碎石进行价差调整，但施工单位使用项目内自行加工的碎石则不用调整价差，

由此管理处增强了对碎石市场价格波动风险的抵御能力，直接避免了由于价格波动引起可能增加的建设成本。

二、技术管控，确保质量

隧道合同段自建的碎石加工场生产的碎石质量优良，有效地确保了项目内混凝土的施工质量。管理处通过对碎石的严格管理，深化碎石加工场的细节管理，确保质量从源头抓起。

1. 严格碎石指标化管理

根据前期项目调研情况，沿线周边石场供应的碎石存在风化石超标、含泥量超标、针片状含量偏大、单挡料级配不合格等质量不稳定情况，严重影响到龙连高速公路项目对实体工程混凝土强度的质量控制。混凝土强度是工程质量的根本，龙连管理处从项目开工就严格监管项目各参建施工单位使用地材的各项指标，隧道合同段自建的碎石加工场均采用全新设备，破碎机出料口尺寸和筛网规格严格按照施工需求的规格加工，进料口严把原料块石的入口关，成品的级配、含泥量、石粉含量等质量指标均按照规范要求进行严格检验，不合格的产品不能出场，从碎石生产源头做好质量控制。

2. 高低标号混凝土碎石分档管理

隧道合同段自建的碎石加工场通过采取对碎石粒形成型、级配分档、含粉量控制等措施，使质量管控得到较大提升，龙连管理处结合隧道合同段自建的碎石加工场管控情况，提出项目低标号混凝土碎石采用三档料控制，高标号混凝土碎石采用两档料控制，有效提升了级配准确度，确保了混凝土强度质量。

图4–1 隧道洞渣加工利用

三、深化管理，稳定保供

通过对隧道洞渣的合理利用，由隧道合同段自产碎石，使各参建施工单位可以不受恶劣天气的影响均能保证正常碎石供应，管理处对各参建施工单位的碎石质量与数量做到了双控。各参建单位使用项目自加工碎石，减少了施工成本，保证了工程利润，更加有利于业主对各参建施工单位的项目管理，同时减少隧道洞渣弃土及对环境的破坏。

龙连高速公路项目通过以上举措，为公司投资招标项目积累了宝贵经验。公司从项目策划阶段开始统筹考虑，如何利用项目现有资源，最大化地产生经济效益，从而减少投资金额以节约建设成本。在招标阶段中提前明确，促使标价下浮，使投标单位也乐于接受。到施工阶段，再帮扶中标单位进行资源合理优化调配，充分整合社会资源，强化质量控制，减少土地资源流失，保护生态环境，最终达到合作共赢，实现降本增效的目标，为公司的成本控制做出积极贡献。

第二节　巧设预制厂　节约成本促环保

龙连高速公路地处高山深谷，沿线平整宽阔地段少，且多为农田。为尽量减少预制梁场、运梁通道在线外建设而破坏环境和占用农田，尽可能节约线外征地，龙连高速公路项目提出在路基范围内建设预制场的工作思路。通过精心的施工组织计划，合理统筹架梁运输、路基施工、路基交验、路面施工之间的安排，在不影响主线施工进度的前提下，达到降本增效的目的。同时，龙连高速公路项目引入课题研究，将预制梁场硬化层再利用作为路面结构层使用，不仅节约了额外征地、加快了工期进度，而且降低了建设成本、促进了生态和谐。

图4-2　预制梁场在主线路基建设

一、精心选址，加快前期推进

龙连高速公路项目允许各施工单位在主线上建设预制梁场，这一决定虽然会带来很可观的经济及社会效益，但对于工期如此紧张的龙连高速公路项目来说却充满了挑战。产梁进度滞后、架梁组织不力等因素皆会对后续路基交验、路面施工带来相应的影响。因此在前期必须做好梁场在主线上的选址和规划，建设位置不能存在较多的社会干扰和征拆难点，同时不能卡在主线运输咽喉位置。龙连高速公路桥梁多，梁板共计上万片，生产压力大，必须确保梁场建设能够如期完成，这就需要优先攻克拟建预制场路段征地拆迁和工程施工难点，前期路基填筑施工必须加大投入，优先打通相关架梁通道，确保产梁运梁顺利进行。

二、严格要求，加速产梁进度

在路基上建设梁场虽然起到了降本增效、保护生态的作用，但对于工期如此紧张的龙连高速公路项目也提出了不小的挑战。梁场建设前必须抢通拟建梁场位置和关键线路的路基填筑，产梁过程中又必须加快产梁进度及早完成产梁，否则又会影响路基交验及后续路面施工。

在预制梁场前期建设规划中，龙连管理处根据各合同段倒排工期及生产计划，严格审核梁场建设规模是否满足产梁进度需要，台座不足增加台座、存梁区不足扩充存梁区、梁场数量不够增加梁场，必须在前期梁场建设时就要一次性做好投入，否则后期发现产能跟不上或产梁受到制约，再去增加台座和梁场，成本不仅成倍增加，还会使主体工程进度受到严重影响。

龙连管理处以劳动竞赛和进度周报为手段，制定各施工单位的阶段性产梁任务，发现产梁进度跟不上要立刻查找原因，是梁场产能存在问题，还是队伍功效低，或者是架梁受制约等，发现问题及时采取相应手段，必须确保2016年底基本完成产梁任务，并如期完成路基交验工作，为后续路面施工提供连续工作条件。

三、用心谋划，经济社会效益高

经过统筹考虑和用心谋划，龙连高速公路全线24个预制梁场全部设置在主线路基上，最大限度减少了线外征地，保护了生态环境和基本农田。而且通过梁场基础再利用研究，避免二次破除和投入，节约预制场、弃渣场、运输便道征地及复绿近千亩，节省施工和建设成本近一亿元，缩短了预制场清理时间，最大限度地保护了当地环境。同时通过全线各参建单位的共同努力，积极组织梁场生产，加快运梁通道打通，在路基上建设梁场基本没有对主线路基交验及路面施工造成影响。

第三节 “永临结合” 虽用一时却为长远

目前，国内大部分高速公路在建项目的外供电线路工程采用临时用电和永久用电分批分时段建设，相互之间没有联系。然而在项目建成通车时，临时用电和永久用电在外供电线路走向、负荷容量等方面却有较多部分重合，造成资源浪费。

龙连管理处早在筹备期就着手研究“永临结合”的可行性，尝试在龙连高速公路TJ10标、TJ13标实施采用“高压专线+沿线T接”的结合方式，并先期介入统筹各土建施工标用电计划，做到一线架通、全线共享的效果，取得了很好的经济效益和社会效益。经过前后近5个月的紧张施工， 2015年9月，TJ10标金花隧道专线、TJ13标粗石山隧道专线全线架通，不仅满足了TJ10标和TJ13标隧道用电，而且TJ9标和TJ12标临时用电、TJ12标东联隧道、连平管理分中心、连平东收费站、连平西养护工区等站点的永久用电也一并解决，实现了“永临结合”。这一举措不但极大加快了工程现场施工进度，而且节省了近1000万元的建设费用和相应的人力成本。

一、独立设计，点面兼顾

龙连高速公路在外供电工程两阶段勘查设计阶段均本着“永临结合”的思想，以2条特长隧道供电线路为依托，沿着高速公路走向，将TJ13、TJ10、TJ11、TJ10、TJ9共5个土建合同段临时用电和管理分中心、收费站、养护工区等站点的永久用电全部串联起来，做到了点面兼顾。同时，管理处坚持采用10千伏专线的规格，保证了用电安全和用电质

图4-3 “永临结合”用电

量。施工图纸又经过管理处、广东省南粤交通投资建设有限公司（以下简称“南粤公司”）以及当地供电局的多方评审，具有很强的操作性。

二、纳入土建招标，提早实施报装

外供电工程想做到“永临结合”，就必须尽早实施。龙连高速公路项目在2座特长隧道招标前，就将外供电工程量清单和预算融入土建招标文件中。土建单位进场后，要求其尽快实施报装流程，业主出具证明和委托书，按照供电部门要求备齐资料，压缩审批时间。龙连高速公路2条隧道专线平均报装用时仅1个月左右。

三、工程分步实施，现场灵活调整

由于外供电专线项目施工距离较长，现场情况多变。为了保证工期，避免在某些节点受阻，龙连管理处与施工单位一起制定了分步实施计划，每条隧道专线先行实施一条专供，保证单条线路的通电，同时结合实施情况，调整后续工作计划。在实施过程中，遇到青赔工作受阻、现场地质条件变更等问题时，通过现场多方商议，召开专题变更会，采取微调线行路径、提高基础形式、更换导线类型以及二次立塔送电的等方式解决问题，保证工程的顺利实施。

四、严把工程质量，通电验收顺利

质量是工程建设的生命。外供电工程建设期间，监理单位和管理处多次前往现场检查施工质量，重点关注开挖深度、混凝土浇筑、塔材质量、导线规格和金具开关等，供电局亦多次现场查验、抽检。通电验收时，完全按照南方电网要求调整参数、试运行等，整个过程顺利、圆满，2条“永临结合”高压专线用电情况良好。

五、节约环保，减少大量投资

2条双回路近40千米外供电专线的拉通，使得沿线各土建合同段受益，仅工地临电线路这一项费用按18 万/千米来计算，就节约了近720 万元。加上连平管理分中心、3个收费站、1个养护工区因供电路由缩短所节省的费用，整个“永临结合”工程共节约投资约1000万元。

六、供电质量稳定，进度超前

由于供电电压稳定、预留负荷充足、沿线T 接方便，2个特长隧道施工单位可以安排功率更大、更专业的设备进场施工，使2座特长隧道的施工进度得到加速推进，整体施工进度始终处于全线前列，高可靠性的供电线路成为他们强有力的保证。

第四节　共谋一事　博采众长

管理处在项目建设初期便制定了优化设计奖励办法，利用施工单位的灵活优势，积极采纳各施工单位有关优化设计的合理化建议，并对节约造价达100万元以上的按20%的比例对提出单位予以奖励，单项建议奖金总额不超过50万元。施工单位提出合理化建议后，管理处根据实际情况积极组织各方广泛深入调查，积极推进优化变更处理进展。各参建单位共提出合理化建议40多项，其中被采纳并达到奖励条件的共12项，共节约造价约4000余万元，合理化建议提出单位共获得奖励金约600余万元。该项工作的积极推进，既加快了现场施工进度，为业主方节约了建设成本，同时也为各参建单位节省了相关投入，并使其拿到了相应奖励支持。

第五节　契约精神　降本增效

龙连高速公路作为广东省高速公路网中的重要一段，加强项目的合同管理，并有效控制工程造价，是业主单位的重要职责。龙连高速公路项目在工程招标、联合计量、控制造价等方面，探索出了一些有效的管理方法。

一、全面加快推进项目前期工作

为确保按时优质地完成省委、省政府部署的建设任务，龙连高速公路建设人员化压力为动力，通过制定计划、加强沟通、专项汇报等形式，全面加速推进筹建项目前期工作。

图4–4　龙连管理处计划合约部全体成员风采

首先，充分考虑各工作环节中可能遇到的问题和困难，按照总体开工计划，细化节点目标，同时实行前期工作责任制，项目筹建处人员实行“分专题包干”，专人跟踪、协助有关专题的编制、报批及审批工作，确保各专题按计划、按时限完成审批。

其次，及时与南粤公司、广东省交通运输厅汇报、沟通，加大与广东省各部门、项目沿线地市政府沟通协商力度，及时、高效解决各层级审批环节中的问题和困难。同时，充分利用高速公路大会战的氛围，利用广东省高速公路建设指挥部督导、协调机制以及所有能够借助的外力，为项目全力推进服务。

再次，筹建处每周报告将前期工作进度及存在问题上报南粤公司，将项目前期审批在工作推进中遇到的重大难点问题，以专题形式上报公司，让上级领导及时了解和掌握本项目的审批进度和存在问题。

龙连高速公路穿越河源市生态严控区，龙川县二级饮用水源保护区，连平县河头、西山自然保护区，连平县金花洞、鹤湖县级森林公园，陂头地质公园等环境敏感点，穿越环境敏感点的论证批复及环评报告书审批已成为影响项目加快开工建设的最大因素，前期工作的体量和难度之大可想而知。而正是由于这些敢于担当、敢于拼搏和乐于奉献的路桥人，用了不到2年的时间完成了所有审批程序，才确保先行工程于2014年12月底顺利开工。

二、又好又快完成招标工作

龙连管理处面对省委、省政府要求龙连高速公路2017年建成通车的任务，结合工程难易程度和工期倒排实际情况，对土建工程开展分批次招标。为了又好又快地完成每批次招标工作，管理处主要开展了以下工作：

1. 细化目标，全力推进招标工作

在项目工期紧、任务重，招标过程不能出现任何差错的压力下，管理处相关工作人员加班加点，制定严密、科学的节点计划，采用“目标倒逼”等机制将责任落实到人。在保证施工图纸和施工预算质量的前提下，制定进度考核指标，将招标各项工作平行、交叉推进，缩短工作周期。

2. 采用标准化清单，充分利用造价咨询单位

为确保各项目土建工程招标清单预算顺利核备和招标控制价合理确定，管理处积极参与南粤公司在招标文件范本基础上统一工程量清单子目设置和统一清单预算定额模板编制。同时，管理处充分利用造价咨询单位的专业优势和特长，择优选取了专业力量强、经验丰富、信用评价好的咨询单位和专业技术人员提供专业技术支持。这不仅提高了工作效率，还缩短了清单编制过程中的“查、错、漏”所需的时间。

3. 充分利用信息化，提高工作效率

为提高预算清单编制效率，保证预算清单编制数据的准备性，确保预算清单编制的

进度，土建施工招标预算清单编制采用算量软件编制招标清单。管理处采用算量软件录入施工图表，并通过软件成功将其转化为公路工程三级清单以及清单预算编制所需基础数据，使得报备文件的编制时间由30天缩短至17天，充分应用信息化手段，提高工作效率，切实提高了管理水平，并获得造价站对报备文件较好的总体评价。

三、高效实施联合计量

为确保实现2017年龙连高速公路建成通车的目标，贯彻落实服务型业主理念，结合龙连高速公路工期紧、任务重的实际情况，管理处大胆创新工作思路，于2016年4月开始率先推行实施联合计量，在现有计量支付管理办法基础上补充制定了联合计量的相关实施规定，下发所有参建单位，要求其严格贯彻执行，并已取得良好的实施效果，赢得了参建单位的一致称赞。现场联合计量的特点可概括为以下四点：

1. 优化计量模式

联合计量将原来的施工单位、监理组、总监办、管理处工程部、管理处计划部依序层层独立审核转变为由施工单位、监理、业主组成计量小组现场联合办公。联合计量小组通过核对图纸、勘查现场、审核附件资料等方式对施工单位的计量申报进行全面会审。各方一次性实现了“现场复核、现场修改、现场签认、现场走系统”4个步骤，并充分发挥HCS系统的总量控制预警功能，有效杜绝了超计、早计、重计等违规计量现象。同时，审核过程中遇到的问题也通过面对面快速沟通得以解决，极大提高了审核效率。

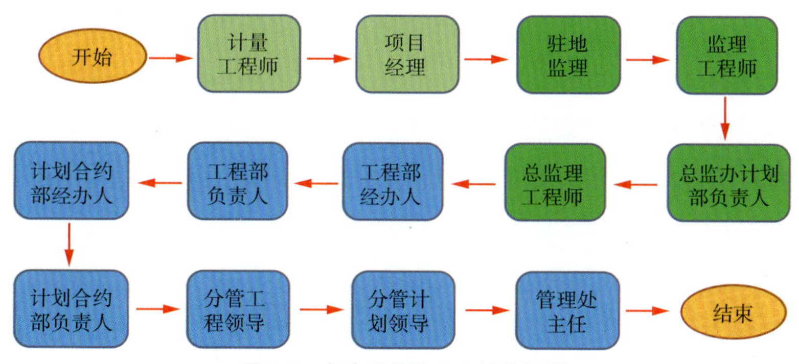

图4-5　各方层层独立审核流程图

2. 精简支付流程

在联合计量模式下，中间计量单纸质版经各方现场签认，形成的中期计量支付证书即可直接作为计量款财务支付的凭证，正式中间计量报表随下期计量流程同步签认。相比之前的计量支付流程（中间计量单草稿逐级审核签认→正式中间计量报表逐级签认、存档→财务支付计量款）而言，支付流程很大限度得以精简，使得施工单位拿到计量款的时间提前了半个多月，有效缓解了施工单位的建设资金压力，减少了施工单位往返管理处和总监办的次数。

3. 明确申报时间

根据联合计量的相关规定，联合计量小组原则上固定于每月16—18日开展现场联合计量，若承包人未能在HCS系统关闭截止日期前进行计量申报，管理处和总监办则不再单独受理计量申请。管理处通过明确并严格执行计量申报受理时间规定的实施，有效督促了施工单位计量申报的积极性，促使计量申报和受理工作的开展更加有条不紊。

4. 实现阳光审核

在联合计量模式下，施工单位、监理、业主现场集中办公，形成了相互监督相互制约的管理机制。在计量审核过程中遇到问题时，各方通过讨论来定夺处理方法。管理处严格执行计量管理办法，统一全线的计量规则，实现审核过程公开化、透明化管理，有效遏制了个别单位和个人的腐败问题，进一步推动了龙连高速公路工程的廉政建设。

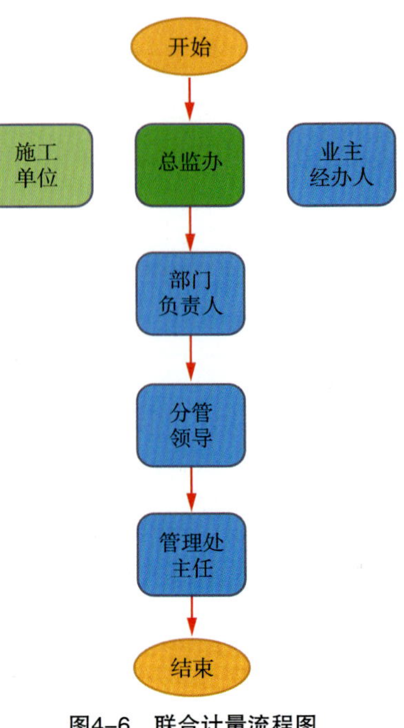

图4–6　联合计量流程图

四、合理控制工程造价

工程造价是项目建设关注的核心，管理处通过工程量清单控制、材料询价调查、优化设计、严格计量、多方审核等方法，达到控制工程造价的目的。

1. 提高工程造价预算管理人员的素质

工程造价预算管理人员的素质直接关系到工程造价管理的水平。管理处工程造价预算管理人员通过定期的学习和培训来提高业务水平和责任意识，时刻将不断提高经济利益和节约投资放在所有工作的首要位置和重心。

2. 工程量清单控制较好

本项目工程施工招标批复概算总价1068010（扣除南浦互通）万元，对应全线28个施工标段施工图预算总价913108万元，招标后合同总额为831961万元。施工预算较批复概算节余约154902万元，合同总价较施工预算节余81147万元，共节余236049万元，节余比例为22%。28个标段送审预算，有24个标段核备预算被评价为“较好”，“较好”率达85.7%。

3. 实地调查，合理造价

由于相关部门发布的地材信息价相比石场价格有一定的滞后性，为确保材料预算的编制和实际情况相符合以及路面房建项目招标及施工的顺利进行，管理处先后组织人员对项目附近的石场进行调研，对当地石料的价格、规格及质量进行摸查，并按实际石场价格进行了预算编制，确保了路面房建价格的合理性，保证了合同的公平公正，也很好地控制了路面工程的造价成本。

图4-7 造价业务培训

4. 控制重大变更发生率

设计变更是工程造价控制关注的焦点，管理处在编制工程量清单时注意会引起现场签证、设计变更的部位，在工程实施阶段加强管理，对项目实施过程进行全面跟踪，对经济技术变更及时进行经济技术比较，并进行预测和分析，严格控制工程变更。本项目在广东省相同规模项目中重大变更发生率较低，力争将项目变更对工程造价的影响降到最低。

5. 严格现场计量管理

工程计量是工程造价控制的基础环节，也是工程进度款支付的直接依据，工程量的确定将对工程造价产生直接影响。因此，管理处实行四方现场计量审核，使现场勘查和质检资料检查同步进行，严格审核图纸工程量和现场实际完成量，把好工程量复核和签认审核关。

龙连管理处根据国家、行业和南粤公司的相关规定，实事求是，科学创新，细致管理，合理地控制了本项目的工程造价。龙川至连平段批复概算金额为144.1591亿元，本项目预估结算金额约为121.2176亿元，预估节余22.9415亿元，节余比例约15%。龙连管理处不仅合理节省投资，也为项目的造价管理提供了宝贵的管理经验。

龙连征拆　方寸总关情

建设工作千难万难，征拆工作第一难。征地拆迁，是高速公路项目建设的第一道关口，也是最棘手的难题。龙连高速公路更是如此，约127千米的建设里程，途经4县13乡镇，全线涉及征用土地约1.3万亩，建筑物20.4万平方米，需拆除房屋510栋，个案难点处理75宗，应迁改管线678处，应迁移山坟1万多座！面对如此压力与挑战，龙连征拆团队开始了“冲锋陷阵”。在用地报批中，他们攻坚克难创神速，刷新了广东省高速公路用地报批的纪录；在现场征拆中，他们创新模式拔“钉子”，征拆成绩领跑南粤同行，节约了拆迁成本。团队成员先后两次在广东省南粤交通投资建设有限公司系统中做经验交流，他们有一个共同的标签：铸造大美龙连的“先锋团队”。

龙连管理处征地拆迁部集体合影照

第一节　心里有政策　洽谈有底气

龙连高速公路途经2个市（河源市、韶关市）、4个县（龙川县、东源县、连平县、翁源县）、13个镇、435个经济合作社。

项目土地征用约13017亩，全线应拆建筑物约20.4万平方米，需拆除房屋510栋，个案难点处理75宗（包括砖厂、学校、厂房、猪场、鸡场、花木场、果场、林场、祠堂寺庙、饭店、混凝土搅拌厂等），应迁改管线678处（电力线392处、通信线286处），应迁移山坟约1万座。

征地拆迁面临的主要困难是：沿线经过城镇规划区多，征拆工作量大，征拆时间紧。

一、洽谈背景

1. 时间紧

2014年10月份成立龙连管理处，公司要求2014年12月底完成项目征地拆迁协议的洽谈及签订工作，仅给征拆合同洽谈签订留下不足2个月时间。

2. 标准高

征拆合同磋商时，河源市连平县在建的大广高速公路在2010年签订征拆合同的征地综合包干单价为9.01万元/亩。而龙连高速公路约60%线路均在连平县，按照广东省高速公路征地拆迁合同洽谈磋商惯例，征地拆迁价格原则上参照同区域高速公路，且随着时间的推移会有一定比例的上浮。

3. 任务重

龙怀高速公路项目横跨4个地级市（河源市、韶关市、清远市、肇庆市），其中龙连高速公路主要在河源市境内，除河源市外，其余3个地级市均持观望态度，未开始征拆协议洽谈。河源市是广东省南粤交通投资建设有限公司首个要求签订征拆协议的对象，龙连管理处是否能按时与其签订征拆协议成为龙连高速公路项目打开局面的突破口。

4. 力量弱

河源市及各县在与龙连管理处共20多次艰难洽谈磋商中，每一次均派出具有国土、林业等专业知识背景的代表，且地方政府代表人数均不少于10人，而龙连管理处由于人员紧缺，仅有3人参与洽谈磋商。

二、采取措施

1. 全面掌握文件

收集各县2010—2012年鉴文件，全面掌握地方各县的国土和林业方面的政策文件，收集并全面掌握邻近在建项目及近期通车项目的征地拆迁包干协议文件。

2. 多维度测算

结合龙连高速公路项目的征拆概算情况，分别对国家、省、市、县等层面的补偿标准进行测算，并对邻近项目的补偿价格进行测算。

3. 多层面学习

通过走访调研河源市邻近在建项目及其他市近期通车项目的征地拆迁情况，对比了这些项目的征拆模式及主要做法，认真咨询有关造价单位，摸索适合龙连高速公路实际情况的征拆模式。

4. 多渠道洽谈

龙连管理处在与河源市政府和三个县代表进行混合洽谈未能取得有效进展的时候，及时调整磋商形式，分别与各县和河源市政府层面单独磋商。龙连管理处在与连平县单独磋商的时候达成初步共识，最终以连平县为突破口，通过河源市政府协调其余两县，以“农村包围城市”的谈判策略，成功与河源市按时签订龙连高速公路征地拆迁包干协议。

三、达成效果

龙连管理处与河源市签订包干协议，为龙连高速公路项目沿线其余3个地级市的征拆协议谈判奠定了坚实基础。

2014年龙连管理处最终参考大广高速公路的征拆模式与河源市签订了征地拆迁包干协议，征地综合包干单价为9万元/亩（不分地类，含青苗、留用地及各项规税费等办证费用），相比大广高速公路9.01万元/亩的征地综合单价稍低。

在大广高速公路征拆模式的基础上，龙连管理处剥离了电力管线迁改部分，以设计施工总承包的模式公开招标。从最终实施的结果来看，既加快了拆迁速度，又节约了成本。

第二节　快速获批用地手续

2014年12月2日，汕昆高速公路龙川至怀集（河源段）工程先行用地取得国土资源部批文，从取得初步设计批复到获批，仅用了1个月时间。

受征地拆迁总包干合同签订及春节放假的影响，龙连高速公路河源段整体用地报批工作于2015年3月中旬才正式全面启动，5月12日用地材料报进广东省国土资源厅，7月24日报进国土资源部，9月1日通过国土资源部办公会议，2015年10月16日获得国务院的正式批文。龙连高速公路成为南粤公司国高网项目建设用地报批最快的一个项目，为龙连高速公路2017年底顺利建成通车目标提供了合法用地保障。

更难能可贵的是，无论是先行用地还是整体用地的报批资料，龙连征拆团队都做到了“一次齐全，无需补件”。据统计，能做到这一点的，在全国报国土资源部审批项目里仅有10%。项目建设工期紧，面对人员短缺、经验不足等困难，在项目主要领导的总体统筹和谋划下，团队制订可行方案和有效计划，使项目建设用地报批工作顺利完成。工作中，团队成员有如下三个体会。

一、高度重视，统筹谋划

新时期新常态下，合法合规用地更显重要和紧迫，违法用地的代价非常大，不但要处理事还要处理人。整体用地报批工作政策性强、工作量大、环节复杂，各级相关领导一定要对整体用地报批工作高度重视、提前谋划、尽早启动、专人跟进。河源段的整体用地报批在启动之初，管理处制定了关键环节（审批流程比较长的、环环相扣的事项）的时间节点表，每个县安排专人跟进。领导高度重视的另外一个层面，强调的是项目公司主要领导和分管领导对用地报批的重点环节和重要部门（市国土资源局、省国土资源厅、国土资源部）要亲自过问协调。

二、熟悉业务，确保质量

确保质量是指用地组卷的基础资料要完整扎实、数据准确，重点关注测绘单位提供的坐标、地类、权属，避免多次修改甚至返工影响进度。这就要求负责用地报批的同志要掌握政策、熟悉业务、用心细心。

1. 报批资料必须完整

报批材料的主要依据是《国土资源部关于进一步改进建设用地审查报批工作提高审批效率有关问题的通知》（国土资发〔2012〕77号）规定的目录清单和审查报告规定的内容。特别要注意的是，要对照审查报告模版规定的内容逐项梳理，一项都不能少，千万不能存在侥幸心理和蒙混过关的思想。比如河源段用地报批过程中，最初对历史违法用地的处理不够重视，想规避问题，不在审查报告中体现。但是事实证明这是行不通的，再大的困难也必须面对，必须完善违法用地处罚材料，否则过不了广东省国土资源厅审批关。

2. 内容格式必须严谨

用地报批是一项政策性非常强的工作，内容格式有比较严格的要求。在县、市、省

三级的材料组卷过程中，因时间紧张及个别办事人员不太严谨，偶有漏字、错别字、发文日期错等问题（例如把林地写成耕地，把公顷写成亩等），工作人员需要细心核对。甚至包括上传国土资源部的电子版扫描件的顺序和正反面都不能出错，否则无法进入国土资源部的窗口。

3. 材料数据必须对应

在县、市两级的材料组卷过程中，因时间紧张及个别办事人员不太熟悉业务或不够严谨，多次出现数字前后不对应的情况。用地报批材料中对数据的准确性核对非常关键，一定要确保村镇、县国土资源局、县政府、市国土资源局、市政府、省国土资源厅的数据准确对应。同时，必须认真核对审查报告与“一书四方案”的数据对应情况，关注相关联事项的数据对应情况（如社保批复人数与听证材料人数必须一致等）。

4. 关键数据必须准确

在材料组卷及报批过程中，对一些关键数据必须重点关注。如耕地数据要前后对应；功能分区的面积划分一定要预先认真谋划好，要符合《公路项目建设用地指标》（建设〔2011〕124号）的规定；征地补偿标准一定不得低于广东省国土资源厅印发的《广东省征地补偿保护标准》（粤国土资利用发〔2011〕21号），征地补偿标准和补偿金额要精确到小数点后4位数；如果有人均耕地低于0.5亩的乡村，一定要做出表述说明。

5. 地类权属必须准确

在材料组卷过程中，由于勘测单位与地方所用土地利用图比例不同及图斑库与土地现状有出入等情况，可能导致对一些地类权属的意见不一致，但我们通过咨询广东省国土资源厅相关处室，确定了地类性质的界定必须以某一年度图斑库为准。

三、精心部署，确保速度

河源段整体用地报批工作时间紧、任务重、要求高。龙连管理处克服了历史遗留问题多、压矿协调难度大、协调相关部门难等因素，通过积极联动和沟通，协调国土资源、林业、社保等各级政府相关部门，攻坚克难，精心部署，用了大约4个月时间，节假日无休地完成了龙连高速公路河源段的整体用地报批材料的组卷、补件、上报工作。回顾整个材料的组卷报批过程，内容烦琐复杂，环节步步相扣，确实体会到这项工作要耐心细心、连续作战、勤于沟通、善于沟通。

1. 梳理重点环节，抓好县级材料

用地材料组卷工作的重点在县一级，抓好抓紧县一级的基础资料组卷工作是重中之重。工作中要注重筛选内容，可以同时进行的工作一定要齐头并进；关键环节和审批流程比较长的工作一定要提前谋划和重点安排（如多划基本农田占用方案批复和社会保障厅的批复）；在县市领导审批签名环节，要尽量协调走绿色通道，特别是紧急事项更要加大协调力度，见缝插针。

2. 勤于沟通协调，盯紧审批程序

重点做好市国土资源局和省国土资源厅层面的协调工作，勤于与省国土资源厅相关处室经办人沟通，经常关注审批进度。针对个别棘手的问题要善于沟通，采集资料，取得理解，以便减免补件（如河源段压矿和禁止建设区范围内的问题都是在上级部门的高度重视支持下顺利完成的）。

3. 善于学习借助，提前审核资料

因用地材料报批政策性强，且人员缺乏经验，龙连管理处在组卷过程中积极寻找渠道，找兄弟单位和业务熟练人士帮忙审核资料的完整性、准确性，做到边组卷、边修改、边完善。同时，要提前做好与省国土资源厅经办处室的沟通工作。

4. 掌握审批流程，重视补件材料

用地材料报批补件工作在所难免，但是一定要掌握补件次数和时间，重点把握好上传省国土资源厅系统的资料的完整性和准确性，特别是最后一次补件一定要重视，最好与经办处室的经办人沟通，先行送他们审核，材料无误后再正式补件。

据统计，各省每年报送至国土资源部的项目整体用地报批材料中，只有约10%能做到不需任何补件。龙连高速公路项目河源段整体用地报批材料在报国土资源部材料审批过程中，做到了一次到位，无需任何补件，并顺利通过，最终按时取得批复。

第三节　电力迁改节省2500万元

电力管线迁改是征拆工作难点中的难点，龙连管理处总结以往项目经验，创造性地采用电力设计施工总承包模式。在电力线实际迁改数量比概算预估数量还多的情况下，实际迁改费用比概算节省2500.07万元。2015年4月龙连高速公路管线迁改工作正式启动，2015年6月初完成招标工作，随后用了6个月的时间完成了电力迁改的92%。截至2017年1月，全线电力迁改全部完成，总体完成率达100%。

一、广泛调研咨询、创新迁改模式

电力管线迁改工作因其涉及面广、协调难度大、时间跨度长，往往成为制约项目顺利推进乃至通车的关键因素。为此，龙连管理处走访调研完工和在建高速项目，分析其成败得失，认真咨询管线造价单位，分析汇总高速公路项目单价数据，现场核实施工迁改线路工程量，熟悉并梳理设计施工停电等重点审批流程。

在南粤公司的关心和大力支持下，龙连管理处的电力迁改模式按电压等级划分、单价包干并以公开招标形式实行设计施工总承包。

图5-1　电力迁改迅速推进，不影响路基施工

龙连管理处明确组织领导和分工，强调工作顺序，与地方各单位加强协调，提前部署，在施工单位进场之前就已建立良好的沟通机制。设计施工总承包单位进场后，结合工程要求和电力规范，迅速开展设计、施工工作。由于实行设计施工总承包，设计施工配合度明显提高，现场协调沟通扯皮少，迁改工作整体推进迅速。

二、合理安排工作，统筹迁改计划

设计施工总承包单位进场后，龙连管理处安排专人负责协调土建单位、政府、供电部门和迁改施工单位的关系，先期召开多次现场协调会，编排工期，结合施工单位土建关键部位合理排列电力迁改顺序，编制并印发详细的工作计划书，明确参建各方的义务和责任。

另外，管理处建立了每日一报、每周汇总、每月总结的工作机制，将电力迁改工程分解成13个子环节，要求施工单位逐一落实并提高执行效率，若出现影响工程进度的节点，均要第一时间反馈并解决。设计、监理、施工三方同时进驻现场，一旦青赔、地质、主体临建等因素影响电力迁改进程，马上召开现场办公会，在满足规范要求的前提下及时处理，保证了工程顺利推进。

施工过程中，难免有计划外停电或影响土建施工的特急线路，管理处安排专人与供电部门调度中心对接，调整月度停电计划和每周停电计划，并且就施工作业面、开挖工序、现场机械和人力调度等情况，及时做好电力迁改单位与土建施工标段统一协调，力求做到随时根据变化调整计划。

三、抓住问题关键、协调多方到位

当施工图设计和审批完成后，工程实施的重点就转到了征地补偿、材料采购、停电审批等关键环节。

在征地补偿方面，主要依靠管理处和电力施工迁改单位的灵活沟通措施，对于征地特别困难的点，管理处出面请求地方政府协调解决。在工程现场，设计单位亦参与整个协调工作，通过设计变更，上跨改下穿、铁塔转加强型门杆、裸导线变绝缘导线等方式快速解决征拆问题。

在材料采购方面，主要做好督促施工单位提早计划、及时采购，督促监理单位做好中间查验、材料送检，确保各项施工资料基本完善。

在停电审批方面，管理处借助南粤公司与广东电网达成的战略合作关系，与市县一级供电部门建立良好的沟通合作纽带，每月召开多方工作协调会，建立停电迁改工作台账。

由于现场影响施工迁改的环节众多，诸如天气、民事、基础成型、塔材到货时间、与土建合同段需同时施工等情况，都会影响迁改进度。管理处结合每条线路具体情况按照关键节点倒排工期计划，印发业主工作指令，提早要求施工单位报批和协调用户线停电事宜。

四、施工改造兼顾，迁改技改同步

考虑到工程时间紧、任务重，管理处要求施工单位编制详细的施工方案，适当增加每日工作量，缩减停电时间。

在停电施工高压线路时，跨越的低压线路要一并停电。为此，管理处积极与供电部门协商，争取利用迁改主网线路工程和农网改造窗口，同时迁改其跨越的低电压等级线路，减少协调工作和相互扯皮（部分用户专线亦同样用此方法解决）。

再如，龙川西出口到东江大桥的220千伏龙热线多次跨越龙川西互通及主线，需迁改长度约4千米，导线弧垂最低处距离东江大桥桥面只有10厘米，严重影响东江大桥控制性工程的施工。在迁改方案报批过程中，广东电网提出要配合中远期技改需要，在迁改时要将原有的1毫米×400毫米导线改为2毫米×630毫米导线。经过与广东电网、河源市供电局及施工单位等部门多次现场勘查研究及会议磋商后，决定由广东电网提供导线材料，龙连管理处负责按照中远期技改设计的要求完成青赔、基础、塔材及施工。既满足广东电网中远期技改的要求，也避免重复投资，还加快了工期进度，减少了该线路对东江大桥控制性工程的影响。

图5-2　电力迁改（左：迁改前；右：迁改后）

五、控制造价，减少推诿

为了控制工程费用，管理处严格把关，印发了《龙连管理处电力迁改变更和计量管理办法》，从新增、变更、计量、支付等各个环节着手，各相关单位和部门各司其职，严格按照合同的相应条款执行计量和支付工作。通过管理处各部门、施工单位、监理单位、土建单位、咨询审查等单位多重审核，保证依规计量、按实结算。据统计，龙连高速公路电力迁改实际工程费用比概算节省约2500万元，约占电力线路迁改概算的11.5%，成绩十分可观。

第四节　巧啃“硬骨头”

征地拆迁是项目建设的重头戏，征拆团队是项目先锋队、扫雷工兵。龙连管理处紧紧围绕施工用地，每个时期工作侧重点不同，做到有系统、有计划、有目的、有针对性地开展征拆工作。从启动征地开始，6个月完成交地94%；从启动拆迁开始，6个月完成拆迁97%，龙连征拆团队秉承“不畏艰辛、夜以继日、攻坚克难”的精神，提前两个月完成目标。

图5-3 原河源市副市长章权（中）出席参加龙连高速公路征地拆迁工作交流总结会

一、系统管理，抓住重点

（一）分块、分类管理，有计划开展工作

2015年6月正式进入征地，到2015年12月底完成交地比例为94%；同时电力线路迁改、通信管线迁改、房屋拆迁、坟墓迁移、个案处理、三改工程、水管（水池）迁改等工作同步进行，将计划管理应用到征地拆迁工作中去，按照既定的时间表全力推进，使各项工作有条不紊地进行，超前完成征地拆迁工作节点任务。

（二）每个阶段工作重点不同，紧紧抓住核心工作

2015年9月前紧紧围绕用地报批、项目征地两大核心任务开展工作，为控制性土建合同段施工提供充足的土地，确保普通土建合同段能开工建设；2015年10月至2016年2月重点解决个案，2016年2—4月重点解决结构物拆迁等问题，为各土建合同段大挖大填土方施工以及关键点位施工创造良好的施工环境。每个不同时间段的工作侧重点不同，管理处将征地拆迁工作与土建合同段施工紧密结合在一起，避免胡子眉毛一把抓，牢牢抓住“牛鼻子”，确保各土建合同段形成旱季大干局面。

二、认准目标，狠抓落实

征地拆迁工作到后期都是难啃的“硬骨头”“面积不大、影响大”“范围不大、困难大”。龙连征拆团队做到以问题为导向，工作迎难而上，不推诿、不回避，制订“一对一”的针对性处理方案，重难点问题逐个突破，合力攻坚，以“咬定青山不放松”和“不拿下誓不罢休”的气概推进工作。

（一）理清问题，精细管理

将影响施工的问题列成清单，梳理问题，分轻重缓急、难易程度进行综合管理，能

解决的问题先解决，以拔钉子的精神解决一个算一个，将剩余问题了解透彻、细致，不让征地拆迁工作长期停滞不前，成为项目施工过程中的绊脚石。

（二）工作前移，狠抓落实

掌握问题清单并进行细致分析后，及时协调相关工作，积极与地方政府、合同段等部门沟通协调，根据分级负责、上下联动的工作方针，创新工作方法。对于确定原则和方针的工作抓紧落实，抓住机会突破征地拆迁难点、关键点，以点带面扩大战果，强力推进全线征地拆迁工作。

（三）方式多样，高效推进

建立日、周碰头会，通过“回头看”检查落实情况；通过工作简报推进与地方政府领导的沟通；采用人盯人、见缝插针、办不成事坚决不走人的工作方式完成各项任务；善于抓住合适时机推进拆迁工作。例如：在2017年的4月14日河源市高速公路建设推进会后，通过协调市委印发主要领导督办事项文件，龙连征拆团队每天保持与市局、县政府主要负责人当面或电话沟通1~2次；组织人员集中对房屋进行了有效拆除，最快时仅一周就拆除了80栋房屋，力度前所未有。

三、同步档案，资料齐全

征地拆迁现场实体、实物随着工作的推进而逐渐减少，征拆档案、结算资料成为后续征拆工作的重点。本着资料齐全、程序完善、依据充分、组卷完整的工作原则，主要从以下三方面进行资料整理归类工作。

1. 做好内控管理，从源头抓起

为更好回溯征地拆迁过程，确保征地拆迁过程资料完整、全面，对各种征拆资料进行分类，分工负责，实施模块化管理和组卷，系统管理纷繁复杂的征拆资料。

2. 流程化管理、清晰明了

为了使团队人员对资料收集、整理工作有清晰明了认识，管理处制定了各类资料整理工作指引细则，使“资料”真正蜕变成“档案”。

3. 管理制度化、信息化

规范工作流程，结合龙连高速公路现场征拆的实际做法，制定了《广东省南粤交通龙怀高速公路管理中心龙连管理处征地拆迁部工作管理实施办法》《广东省龙川至怀集公路龙连段电力迁改工程变更和计量管理办法》和《广东省龙川至怀集公路龙连段房屋震裂保险理赔管理办法（试行）》，内容包括廉政纪律、保密、人员岗位职责、征地管理、拆迁管理、个案管理、线外用地、电力迁改变更和计量、保险理赔等方面。根据实际情况，增加了“一岗双责”和设置个案小组等方面的规定，细化了人员岗位职责和保险理赔等规定。

龙连高速公路征地拆迁资料整理目录　　表 5-1

序号	资料项目	资料细项	盒　号	负 责 人	主 要 材 料
1	前期资料	项目立项	LLZC-1，1-1	钟睿	项目前期批复文件
		用地报批	LLZC-1，2-1	黄明军	国土、社保材料及批复文件
		林业报批	LLZC-1，3-1	刘家伟	林勘院相关图标、报告及批复文件
2	来往文涵	上级及地方来文	LLZC-2，1-1	刘伶利	外部单位来文
		合同段来文	LLZC-2，2-1	刘伶利	
		管理处发文	LLZC-2，3-1	刘伶利	
3	规章制度		LLZC-3，1-1	刘伶利	岗位职责、安全职责、日常管理制度、用车制度、印章管理制度、征地拆迁管理实施细则，管线迁改管理制度
4	会议纪要	部门及地方会议纪要	LLZC-4，1-1	刘伶利	
5	合同管理		LLZC-5，1-1	刘伶利	谈判纪要、审批流程及合同原件
6	征地资料	勘测定界报告	LLZC-6，1-1	黄明军	
		1∶500 图	LLZC-6，2-1	黄明军	
		界桩交验	LLZC-6，3-1	全体	
		界桩复测	LLZC-6，4-1	全体	
		交地通知书	LLZC-6，5-1	全体	
		公路用地图	LLZC-6，6-1	刘伶利	
7	拆迁资料	龙川县建筑物拆迁、坟墓迁移	LLZC-7，1-1	全体	三方联测数据总表及细表
		东源县建筑物拆迁、坟墓迁移	LLZC-7，2-1	全体	三方联测数据总表及细表
		连平县建筑物拆迁、坟墓迁移	LLZC-7，3-1	全体	三方联测数据总表及细表
8	个案资料	龙川县	LLZC-8，1-1	钟睿	
		东源县	LLZC-8，2-1	黄明军	
		连平县	LLZC-8，3-1	刘均锋　何炜俊　刘晓杰	
9	三改资料	龙川县、东源县	LLZC-9，1-1	钟睿　刘家伟	三改台账、审批表、图纸
		连平县、翁源县	LLZC-9，2-1	刘均锋　何炜俊　刘晓杰	三改台账、审批表、图纸
10	补征地资料	龙川县、东源县、连平县、翁源县	LLZC-10，1-1	全体	补征地台账、审批表、图纸
11	水池水管迁改	以标段为单位	LLZC-11，1-1	全体	台账、迁改方案、图纸
12	资料资料	资金计划、拨付台账	LLZC-12，1-1	刘伶利	年度计划、季度计划

续上表

序号	资料项目	资料细项	盒　号	负 责 人	主 要 材 料
13	电力管线	报审材料	LLZC-13，1-1	李庆　赵晓嵘	
		计审材料	LLZC-13，2-1	李庆　赵晓嵘	
		变更材料	LLZC-13，3-1	李庆　赵晓嵘	
14	管线迁改	合同文件	LLZC-14，1-1	李庆　赵晓嵘	
		其他文件	LLZC-14，2-1	李庆　赵晓嵘	
15	其他资料	地方补偿资料	LLZC-15，1-1	全体	地方征拆实施办法及补偿标准
		简报	LLZC-15，2-1	刘伶利	
		月报、周报	LLZC-15，3-1	刘伶利	
16	临时用地		LLZC-16，1-1	黄明军	汇总表及相关图纸

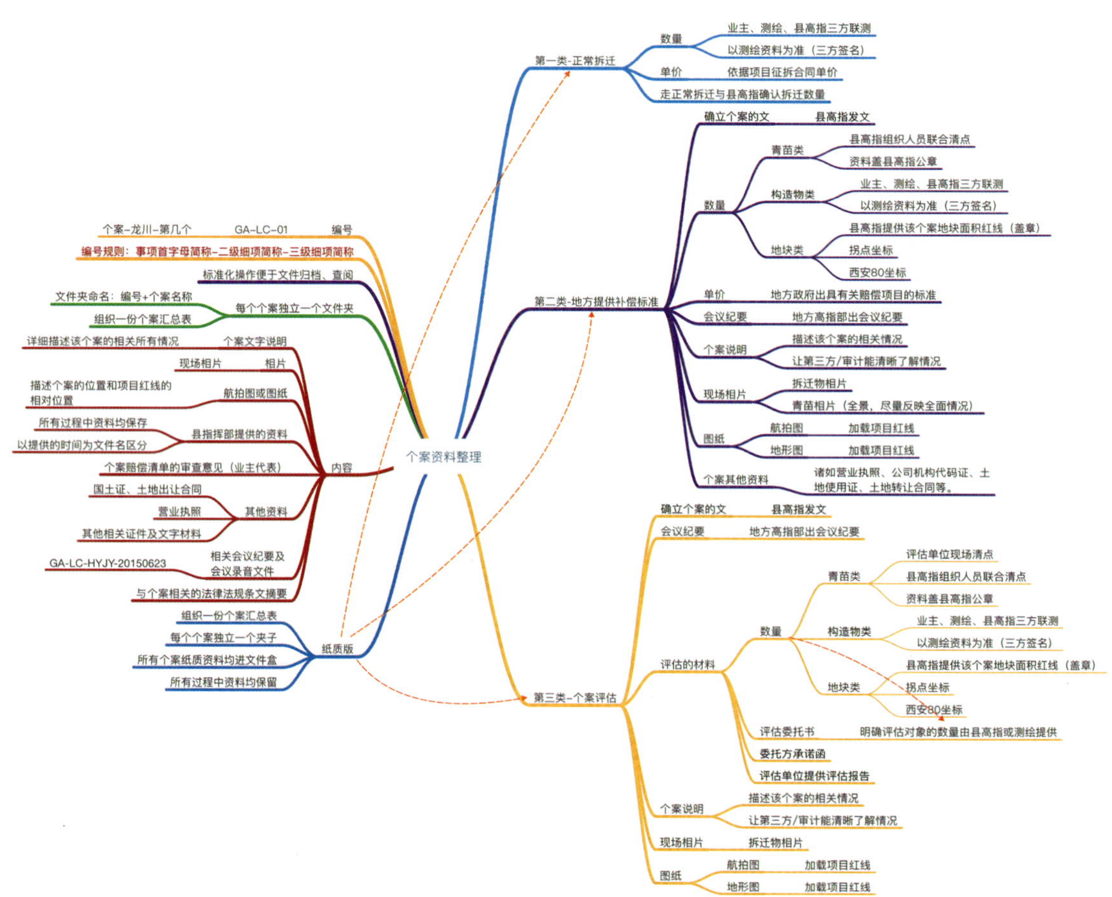

图5-4　个案资料整理指引细则（思维导图）

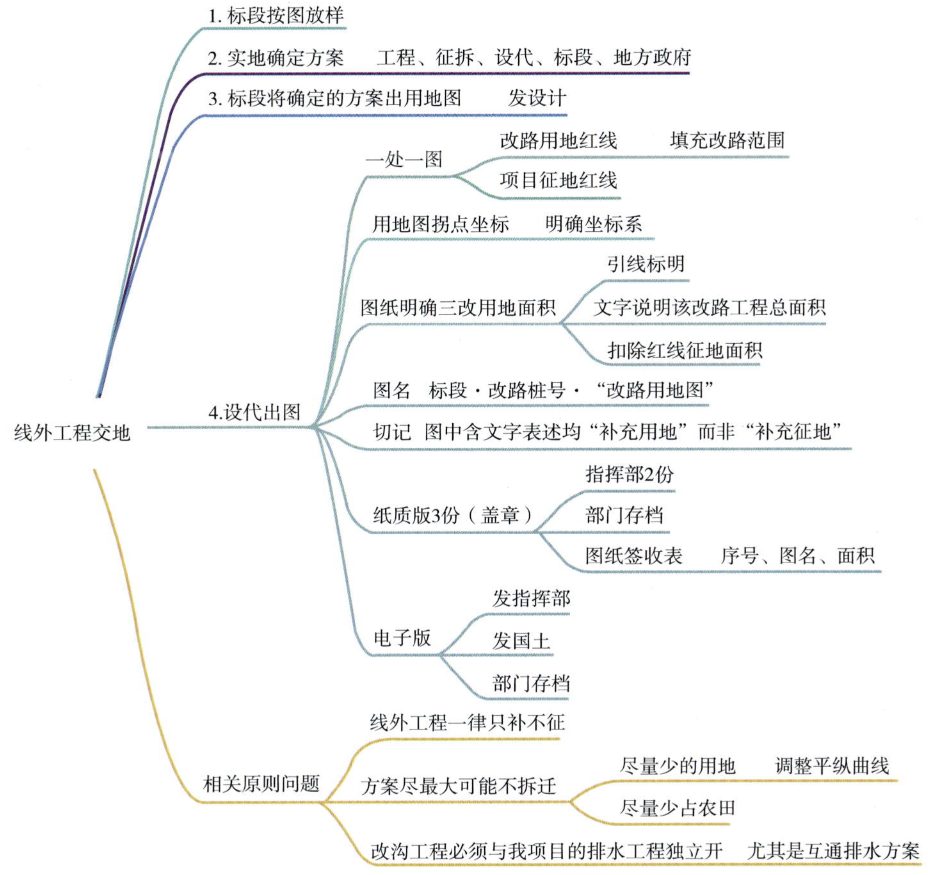

图5–5 线外工程指引细则（思维导图）

建立征地拆迁系列台账，及时更新征地拆迁进度周报、充分利用台账模块管理，提升信息化管理水平。努力做到资料还原现场，程序合法、手续完备，尽力避免管理漏洞风险。

四、配合抢险，勇当先锋

2017年4月，距离项目通车还有半年时间，TJ15标段突然出现大面积不良地质引发的滑坡，危及红线外约155亩的山体，涉及约115万立方米的山体需要弃土卸载，多达367亩的用地（含弃土用地）需要补偿和交地。

在如此紧急关头，龙连征拆团队首先立即启动应急管理机制，畅通内部沟通协调渠道，然后积极联系地方政府与施工单位，联合成立抢险工作组。在确定抢险方案后，让施工单位“零时差”、无障碍进场抢险施工。

龙连征拆团队始终勇当先锋，一方面积极与地方政府商榷抢险用地及地上附着物的补偿事宜，一方面配合抢险进度和抢险方案及时交地施工。在40多天内，完成367亩的用地丈量确权、84座坟墓的清点和迁移、59000多株青苗的清点和补偿等工作，保障抢险用地和边坡弃土用地，为抢险排险争取时间，为龙连高速公路按期通车保驾护航。

五、依据充分，决算严谨

以依法依规为前提，以资金流向表为蓝图，以地方签名确认的基础资料为依据，做到数据闭合、依据充分、逻辑严谨。

1. 征地依据

以交地通知书为主，业主单位、施工单位、县指挥部、镇政府四方联合交地，以控制性工程交地为关键，实现逐步、分批次全面交地。

2. 拆迁依据

以业主单位、测绘公司、地方政府现场联测资料为主，以户为单元制作拆迁物细表，含拆迁物相片，拆迁面积、拆迁物属性等，同时配合预决算进度，分阶段三方签名，并以县、镇分级汇总确认。

3. 合同支付

依据项目的征地拆迁包干协议规定支付，超出合同暂定数量的部分，以与地方（市级）高速公路建设指挥部的会议纪要为约束和规定，每次支付均以管理处与各县核对并签名确认的拆迁资料（含房屋拆迁及个案拆迁资料）为依据，严格按照合同条款及相关会议纪要进行征拆款支付。

第六章

龙连技术　妙处非刀尺

公路项目设计是工程建设的灵魂，采用先进工艺和材料以及前期高质量和精细化的设计，对于项目中节约投资、缩短工期起着决定性的作用。公路项目建设过程容易受到人为因素及自然条件、社会条件的影响，难免在施工中出现变更。如何控制变更规模、加快变更审批、及时支付变更工程费用，对控制造价、推进工程进度有重要意义。

广东省人大副主任陈小川在视察龙连高速公路后表示，龙连高速公路在工程建设中采取的环保措施和理念是有启发性的，这样的创新模式应该在公路建设行业大力推广。同时，陈小川向广东省交通运输厅副厅长贾绍明建议预制梁场在主线上建设可否在全广东省推广，贾绍明副厅长答道：“预制梁场在主线上建设虽然经济、环保，具有较大的经济及社会效益，但并不是所有的项目都能够像龙连高速公路项目一样，在不影响主体工期的前提下将工序衔接控制得这么好。”

第一节　精细设计　事无巨细

一、管理处全面参与设计过程

管理处全面参与设计过程，加强总体设计工作的管理，明确总体设计单位和参与各方的责任，做好项目总体协调，及时组织编制切实可行的《勘查设计工作大纲》《定测详勘实施细则》《施工图设计实施细则》，并组织各专业专家审查，同时督促各设计单位严格执行，以保证设计成果的完整性、合理性、统一性，减少设计工作的反复，提高工作效率。对各阶段的相关协议，组织核实重点路段的线位及构造物设置意见，加强设计单位开展工作较困难路段的协调工作；在设计各阶段，组织召开地调验收、安全性评价、定测内审、施工图内审，结合项目特点及建设理念，形成层次意见，有效反馈设计；对审查意见的落实情况，组织设计单位逐条核对，并形成专项报告，确保落实到位。

二、重视地质勘查工作

重视地质勘查、地质调绘工作。针对地质勘查特点，安排地质勘查监理跟进勘查工作，并在设计各阶段实行地质勘查、地质调绘专项验收，确保勘查成果准确，以保证地质选线落到实处。特别是在初勘阶段，大范围地进行地质调绘工作，不仅满足初步设计阶段，大范围选线的需要，也加快勘查工作进度，减少钻孔工作量，提高设计工作效率。在实施勘查设计过程中，管理处充分发挥工程技术人员的管理职能，跟踪、督促设计单位做好现场调查。

三、严格执行审查、咨询制度

实施内部审查制度，加强勘查设计过程管理。在项目勘查设计起步阶段地形图航测的路线方案、项目初测钻孔全面布设前期、工可修编前初测路线方案及项目定测钻孔全面布设前期定测路线方案中，实行内审制度。这不仅确保线路稳定，还避免了下阶段由于验收或审查意见的调整造成的勘查钻孔浪费。

充分发挥设计咨询单位作用，对项目采用全过程设计咨询。这有助于减少评审时重大咨询调整意见，减少设计工作的反复，提高设计工作质量及工作效率。

为加强勘查设计评审成效，开创设计评审审查新模式，在评审会中引入特邀专家和咨询专家组模式，通过各专业分组讨论，解决设计过程中的重点难点问题。结合山区高速公路特点，针对高边坡、高路堤等问题，引入第三方进行专项咨询，并适时组织开展专项审查，为项目实施过程中可能存在的重点、难点提供专项技术支持。在施工图阶段，及时组织开展高边坡、高路堤“一坡一图”工点设计，并结合全线土石方、景观设置等统一要求，按照“一坡一审”模式，进行审查，保证边坡安全，减少后续的较大变更。

四、附属工程与主体设计同步开展

附属工程与主体设计同步开展。为避免房建工程、景观绿化工程等与主体工程脱节，影响整体工程进度，房建工程、景观绿化工程与土建主体工程同步勘查、同步设计，理顺设计流程，加强工程的施工质量和进度保证。

打造路域景观带。积极推进高速公路生态景观林带建设，创建“南粤品质工程”，引入专业景观绿化设计，对沿线中央分隔带、路线两侧、互通立交、隧道洞口、服务区、停车区、收费站等公众出行视线可及范围内的设施，进行生态化景观设计。坚持“原景原生态”“本土文化和原生态之美”“安全生态”等原则，营造自然植物群落景观，充分利用人文景观，增强地域识别特征，构建与区域建筑风格、区域文化相融合的公路景观。

五、设计阶段及时组织专题研究

初步设计和施工图设计阶段适时开展针对性的设计专题研究工作，如洪水水位及桥涵水文、路面结构、特殊地质边坡设计专题咨询、路基路面排水优化设计、筑路材料调查等专题研究工作，为设计提供了针对性的指导资料，确保设计质量。考虑山区高速公路变道条件差的特点，针对重要路段对施工便道进行了专题设计，如金花隧道进口山谷中便道设计，为施工单位进场后能够及时开展便道施工创造条件。

第二节　用科研成果做好示范

针对项目实际及国内外高速公路工程质量及功能设计中存在的突出问题，管理处在项目前期积极筹划，并咨询国内知名专家，在项目中解决高墩大跨径连续刚构桥长期性能不佳、特长隧道传统水泥混凝土路面抗滑衰减快、预制场硬化层再利用等一系列科研和施工技术专题研究工作，取得了良好的成果，不但解决了本项目的问题，也为其他项目的建设起到了较好的示范作用。

一、基于高墩大跨径连续刚构桥长期性能研究科研课题

本项目针对高墩大跨连续刚构桥易出现的开裂、下挠、耐久性不足等技术问题，从连续刚构桥建造的全过程入手，分别针对设计、施工、维护阶段中影响高墩大跨连续刚

构桥长期性能的关键因素，采用试验研究、数值模拟、理论分析与实桥监测控制相结合的方法，分析了不同阶段中高墩大跨连续刚构桥长期性能的提升技术、控制指标与控制措施，并将研究成果成功应用于大埠河大桥、蛇背大桥的建造过程。在保证桥梁快速、安全施工的同时，充分考虑了桥梁的长期性能要求，有效提升高墩大跨连续刚构桥的长期性能，延长桥梁的使用寿命，降低桥梁的维护成本，节省桥梁生命周期费用。大埠河大桥、蛇背大桥成桥线形良好，动载试验各项指标较以往项目均有较大提高。

通过本项目研究，提出了提升高墩大跨连续刚构桥长期性能的关键设计控制指标，对构造尺寸、悬臂块段长度、预应力张拉龄期以及主梁合龙顺序等提出合理的建议，并将研究成果应用于依托工程，有力指导了工程建设；结合广东省高湿热的环境特点，提出了关键的施工控制指标与控制方法，包括主墩与主梁的施工控制指标，合理的合龙温度、立模温度，主墩与主梁的线形监测与控制方法，研究了预应力损失、温度效应以及混凝土长期力学性能对连续刚构桥长期性能的影响规律等，并在依托工程中进行了实施与验证，保障了桥梁的施工质量与长期使用性能；针对运营维护阶段开裂与下挠耦合作用对桥梁长期性能的影响，提出了合理的维护建议，进一步提升了桥梁的长期使用性能。

基于本项目研究成果，在《中国公路》等国内核心期刊发表论文4篇，培养硕士研究生2名，并为设计、施工单位培养了一批高墩大跨连续刚构桥的设计和施工技术人员，为同类桥梁的建造提供人才支持，并有利于项目研究成果的进一步推广应用，同时也为广东省及国内的桥梁建设起到了较好的示范作用，提供了丰富的经验。课题中期成果于2017年6月通过专家审查，最终成果鉴定将在2018年上半年完成。

二、粗石山隧道复合式路面结构优化与温拌施工关键技术研究

目前，因建设期隧道内通风不良、作业环境差等不利因素，除中、短隧道外，路面一般采用水泥混凝土结构设计。但是，水泥混凝土路面抗滑性能衰减快，对行车安全不利，为进一步提升车辆行驶的安全性和舒适度，本项目结合粗石山隧道特点及国内外隧道路面铺装技术研究和应用的现状，开展了粗石山隧道复合式路面结构优化与沥青混凝土路面温拌施工关键技术的专项研究，比较全面地解决了长隧道内沥青混凝土路面施工的问题，形成了一系列可推广的指导性材料。粗石山隧道路面施工中采用的沥青混凝土路面施工工法，是广东省在特长隧道施工历史中的首创。

确定粗石山隧道复合式路面的合理结构。主要通过建立隧道复合式沥青路面三维实体模型，计算并分析不同荷载位置、不同荷载大小，不同温度条件下，不同沥青层厚度的隧道沥青路面结构层的受力特点和力学响应，确定粗石山隧道复合式沥青路面的合理厚度范围，并对水泥混凝土基层的结构厚度和强度进行了验算，确保粗石山隧道复合式路面结构受力满足实际使用要求。

解决粗石山隧道复合式沥青路面界面黏结和抗反射裂缝问题。采用拉毛、喷砂、铣刨、露石等工艺对水泥混凝土基面进行处理，研究这些处理工艺对界面黏结强度和路面抗剪强度的影响，确定喷砂是最佳的混凝土表面处理工艺。同时开发了高强水性界面黏结材料，进一步增强了复合式路面的界面黏结性能。采用专用沥青路面抗反射裂缝试验仪分析评价了聚酯玻纤布、SBS防水卷材、玻纤格栅等不同防裂材料的抗反射裂缝性能，并最终推荐了SBS防水卷材作为抗反射裂缝材料，显著提高了复合式路面的抗反射裂缝能力。

解决粗石山隧道复合式沥青路面施工期间烟雾弥漫问题。本项目对sasobit、M-1、EC-120、沸石等几种国内主要温拌剂的温拌效果，以及它们对沥青和沥青混合料路用性能的影响进行了试验评价。进而优选温拌剂种类指导了试验段施工，达到隧道沥青路面施工降温抑烟的目的。同时，通过温拌施工发烟量、隧道内能见度等现场综合检测，对温拌施工的环保性能进行了定量评价。

第三节　合理变更　迅速可控

公路项目建设过程容易受到人为因素及自然条件、社会条件的影响，难免在施工中出现工程变更。工程变更不仅使工程数量、单价、建设费用、工期等发生变化，业主和承包商之间也可能出现索赔和反索赔，导致工程造价失控。为此管理处在施工单位进场前，结合以往项目管理经验，集思广益，充分研究，制定了一系列的管理措施，使工程变更方案确定迅速、造价控制合理。

图6-1　广东省南粤交通投资建设有限公司监察审计部部长杨少明（左）在龙连管理处听取内部审计工作汇报

一、制定工程变更管理实施细则

施工单位进场前，已制定《工程变更管理实施细则》，明确变更方案确定程序、管理权限、上报审批时限。施工单位进场后立即要求各项目部、总监办明确负责的分管领导和具体经办人员，对人员进行系统性培训，使参与人员均熟悉提出变更和变更方案确定的程序，以及变更上报的程序、所需资料及审批时限等要求。

二、变更方案确定及上报审核首件制

对每一个类别的第一次工程变更，管理处总工程师组织各方讨论，明确程序和条件，讨论方案，明确日后发生该类变更的处理原则，方便后续专业技术人员处理变更时统一原则，加快方案确定速度。对变更上报同样处理，每一类变更的第一项，总工程师组织编制人员、审核人员讨论确定上报所需资料、审核的方法、审核的重点及注意事项，很好地保证了变更审批质量。

三、图纸、纪要下发审核和时限问责制

根据变更方案确定时规定的纪要和图纸下发时间，专人跟踪变更设计图纸、纪要下发进度。草图成稿后，执行设计单位内审、管理处分管副总工同步审核后再正式出版下发的程序，确保变更设计图纸的质量。纪要图纸下发时间由总工程师不定期检查，对未及时下发的责任人进行批评教育，并纳入年底考核。

四、变更报告上报、审核任务时限制

每月定期下发施工单位需要上报的工程变更报告任务书，月底进行考核，通过奖罚督促承包人及时上报工程变更报告。定期公布变更审批时每天每人的处理任务，实行不按时审核问责制，保证变更审批工作及时完成。

第四节 让档案管理出彩出新

自开工以来，管理处编制了《项目档案管理规划》《项目档案管理办法》《项目档案考核办法》《项目竣工文件编制实施细则》和《项目竣工文件首件（样板）实施管理办法》，同时对参建单位做了相应的要求，各参建单位进场后必须上报档案管理办法、字模备案，并成立档案管理工作小组、竣工图编制小组等。管理处在管理过程中严格执行广东省南粤交通投资建设有限公司档案管理相关制度，并在执行过程中不断创新档案管理模式。

一、对现场档案检查存在问题进行四方签认管理

管理处在不定期检查施工单位档案管理工作时，针对检查出来的问题召开现场会议，要求监理、检测单位以及施工分管领导、档案主管一同参加，对存在的问题进行通报，并现场限定合理的整改时间，进行四方签认，同时要求监理、检测单位按规定的整改时间进行复查。采用这种模式可有效提高监理、检测单位的施工管理效率。

二、针对存在问题加强过程中档案工作交底培训

管理处虽对各参建单位有阶段性培训，但因档案人员业务水平和理解方法有差异，管理处还会收集各参建单位存在的疑问，在每月对各参建单位进行检查时进行现场解答。如有部分施工单位与其他单位业务能力差距较大的，则以总监办为单位进行集体交流，提高档案人员工作效率及业务水平。

图6-2　档案资料

图6-3　月度会议

三、根据不同施工阶段制订专项项目档案考核评比方案

在项目工程收尾阶段，为充分调动本项目各参建单位档案人员的工作积极性，提高其工作效率，保证档案案卷的形成与工程建设同步完成，管理处结合土建剩余工程节点和各参建单位上报的剩余档案工作完成计划，制订各参建单位竣工文件预验收考核方案，确保项目档案专项验收一次通过，且达到“优秀”等级，荣获“金册”奖。

四、严格按要求完成档案管理工作

对档案工作滞后严重和执行能力差的参建单位，管理处采用约谈项目负责人、档案分管负责人的方式，若仍未达预期效果，则直接约谈上级单位法人代表，直到满足档案管理工作的要求。

龙连会战　心齐泰山移

龙连项目自开工以来，全线各参建单位不畏艰苦、迎难而上，精诚团结、奋勇拼搏，顺利完成了龙连管理处下达的一个又一个目标，不断创造一个又一个佳绩。在各单位的努力下，龙连项目顺利建成通车，全线总体质量安全可控，路域绿化景观优美，得到各级领导的一致好评。在龙连项目建设过程中，各标段做出了非凡的贡献和努力，涌现出许多模范单位。

第一节　屡屡超额完成节点目标

一、工期紧，龙连高速公路项目与时间赛跑

龙连高速公路于2014年9月获得国家发展与改革委员会立项批复，计划于2017年底建成通车，工期紧、任务重，形势十分严峻。龙连高速公路项目从筹建开始便争分夺秒：2014年11月2日获得初步设计批复；2014年11月26日获得先行性工程金花隧道施工图设计批复；2014年12月23日获得先行性工程施工许可批复；2014年12月31日先行性工程金花隧道进场施工，顺利完成了省委、省政府下达的开工任务，同时也标志着龙连高速公路正式开工。龙连高速公路从施工图批复到正式动工，仅用时35天。

龙连高速公路项目无时无刻不在与时间赛跑。由于项目整体工期有限，为了加快项目进展，龙连高速公路项目采用分阶段招标形式，将工期最紧的“卡脖子”工程列为控制性工程，优先对其进行施工图设计并优先招标，其他一般性工程后续招标。控制性工程标段于2015年3月进场施工临建，一般性工程标段于2015年5月进场施工临建，2015年9月全线所有土建施工单位全面进入主体施工阶段。此时距离2017年底通车目标仅有不到两年半时间，工期压力大，建设任务十分严峻。

二、任务重，建设任务困难重重

龙连高速公路全线共设桥梁153座（含匝道桥），总长43451.85米，其中特大桥2座，共长3959米；全线共设隧道5座，总长11844.5米，其中特长隧道2座，共长8934.5米。全线桥隧比约43%。全线高边坡211处，挖方2674万立方米，填方2489万立方米，互通式立交13处，工程量大。

龙连高速公路路线经过地段地质灾害频发，滑坡、崩塌、软基等不良地质现象分布广泛，并且存在岩溶、塌陷、暗河等，隧道施工存在涌水、塌陷等风险，高边坡存在滑坡和崩塌隐患。复杂的地质环境为龙连高速公路建设增添困难，增加了工程建设压力。

龙连高速公路涉及大量交叉道路、铁路、河流等重要地物。项目沿线与梅河高速公路、粤赣高速公路、大广高速公路、武深高速公路（设计）、G205、G105、S360、S363、S341、S230等国、省道相交共计34次，并下穿京九铁路；沿线地表有东江及北江水系，主要河流包括东江、义都河、黄沙河、大湖河、忠信河、大埠河、连平河及陂头河。项目中办理跨线许可等协调事宜繁多，跨线施工工期压力大，安全保障代价高。

龙连高速公路区域风景秀丽，拥有丰富的旅游、生态及农业资源。因此龙连高速公

路环保景观选线、设计以及施工过程的环保控制要求高，给文明施工、景观绿化、水土保持等工作带来不小的压力。

龙连高速公路建设工期十分紧张，工程建设困难重重，可谓任重而道远。

三、迎难上，超额完成节点目标

龙连高速公路项目为提高各参建单位的施工积极性，提高工程建设质量、加快施工进度，先后组织进行了三次劳动竞赛活动，并合理设置了进度任务目标。劳动竞赛不仅比进度，而且将工程质量、安全、廉政、劳动关系等情况同时纳入评比范围综合评分，对各参建单位进行排名并奖励成绩优异者。通过各参建单位的共同拼搏努力，三次劳动竞赛皆超额完成了既定任务目标，取得了圆满的成功：第一次劳动竞赛共完成建安费产值约16.31亿元，是下达产值任务15.36亿元的106%；第二次劳动竞赛共完成建安费产值约15.30亿元，是下达产值任务14.79亿元的103%；第三次劳动竞赛共完成建安费产值约23.03亿元，是下达产值任务20.21亿元的114%。

“人心齐，泰山移”，龙连高速公路全体参建者不畏艰苦、众志成城，克服炎炎烈日的考验，经历暴风骤雨的洗礼，顺利完成了各项节点任务目标。2015年、2016年、2017年龙连高速公路分别完成全年投资任务20.35亿元、35.60亿元、35亿元的104%、110%和108%，龙连人的奋勇拼搏为龙连高速公路2017年底通车目标的顺利实现奠定了坚实的基础。

第二节　施工单位“不简单”

自龙连高速公路开工伊始，面对沿线地质条件复杂、工期短、任务重等诸多困难，各参建单位针对工程特点集思广益、发挥专长、推陈出新，将常规工程做精、特殊工程做细，突发应急工况科学及时有效处置，通过众多“微创新、微改造、微标准化”取得了良好施工效果，提高了经济效益。例如：TJ3标段克服所在施工区域内山高坡险、便道极难或无法修通的困难，对所在地方县乡道多处进行加固维修并派专人负责进行交通疏导；TJ9标段面对预制梁板工程量极大、工期紧等问题，通过采用一系列桩基桥梁创新施工工艺工法，很大限度提高施工效率，同时又保证了施工质量；TJ10标段及TJ13标段特长隧道多次发生突发涌泥、涌水等紧急工况，管理处与项目部及时反应、并肩作战，制定了科学有效的处治方案并实施，最终化险为夷，平稳穿过不良地质段；LM1标段面对临建体量大、工期紧的任务要求，创新采用波形钢板料仓隔墙，节约工期、降低成本的同时又保证绿色环保。

本章将分标段介绍龙连各施工单位在施工过程中的亮点及攻坚克难的无畏精神，作为龙连思考的智慧泉源和思考基石。

一、LM1合同段亮点

（一）波形钢板隔墙

中交二公局LM1合同段于2016年7月进场，10月底要完成所有临建工程施工，任务重，工期紧。为了加快施工进度，同时确保临建质量，拌和站料仓采用新型组合式波形钢板料仓隔墙。该工艺具有制作简单、可快速拼装、安装方便、建造时间短、安全可靠、可重复利用，及回收无污染等优点。

波形钢板料仓隔墙解决了传统混凝土料仓隔墙投入成本高、施工周期长、对基础承载力要求高、拆除成本高、废弃混凝土对环境造成污染等缺点。波形钢板安装完后即可堆放原材料，堆放高度为3.7米，使用过程中安全稳定，美观整洁。

图7-1 安装完毕的波形钢板隔墙料仓

图7-2 混凝土基础浇筑及波形钢板隔墙安装

（二）土路肩施工

土路肩根据路面结构层铺筑分层进行填筑，靠路面中心线一侧为垂直设计。常规方法须待路面基层施工后进行土路肩施工，线形和平面位置不易保证，且填方段与水沟间无防水层，极易造成积水渗入路基，同时后期施工易造成路面结构层污染。为避免上述情况发生，LM1合同段采用钢模板立模进行土路肩填筑施工，施工时在已铺筑的下承层上面铺设土工布防污染，拆模后在土路肩内侧喷洒水泥浆，有效地解决了培土路肩容易塌边问题，在不污染路面的情况下保证了土路肩线形和平面位置。

图7-3 土路肩立模施工、装载机填土、小型夯实机夯实

土路肩优先立模培筑有如下四种优点：一是节约侧模用量及工期，水稳结构层施工时，土路肩一侧就不需再安装模板，可直接进行结构层铺筑；二是起挡水梗作用，有效避免雨水对边坡的冲刷；三是减少路面交叉污染，提高施工质量；四是解决路肩塌边问题，有效地保证了土路肩的线形和平面位置的准确性。

二、LM2合同段亮点

1. 严格落实交通管制

交通管制是路面“零污染”施工的基础工作。本项目交通管制采取临时出入口管制、沿线交通管制引导、设置移动测速抓拍仪等具体措施，并严格落实。

（1）临时出入口管制。

在主线和各互通立交路面全面实施交通安全管制，及时封闭沿线不必要的施工便道和出入口。由路面标段在互通或需使用的便道口设置值班岗亭与栏杆，实行“门岗+通行证”制度，出入车辆必须配有管理处统一盖章印发的车辆通行证。路面标段安排专人24小时值班，查验登记进出车辆，禁止无通行证的车辆进入施工区域，杜绝与项目施工无关车辆、闲杂人员进入施工区域。

图7-4　临时出入口管制

（2）沿线交通管制引导。

水稳施工阶段在施工路面每隔2千米用水马、导向牌设置减速带，将车道开口按50米间隔错开设置，以限制施工车辆车速。同时，在减速带前50米处设置“限速20千米/小时”、导向牌等警示标识、标牌。减速带的位置定期进行更换，更换周期为10天，更换后的位置距原路障位置大于50米。

沥青施工阶段在施工路面每隔1千米用水马、导向牌设置减速带，将车道开口按50米间隔错开设置，以限制施工车辆车速。同时，在减速带前 50米处设置 “限速 20千米/小时”、导向牌等警示标识、标牌。减速带的位置定期进行更换，更换周期为10天，更换后的位置距原路障位置大于50米。

图7-5　沿线交通管制引导

（3）施工路面设置移动测速抓拍仪。

安全部不定时、不定点在施工路段使用测速仪进行实时测速，对施工、管理车辆起到了很好的约束作用，有效地控制了路面车辆的行驶速度。

在严格的交通管制下，龙连高速公路路面施工期间未发生一起安全事故，路面基层成品得到很好的保护，沥青面层污染得到了有效控制。

图7-6　移动测速抓拍仪

2. 沥青路面“零污染”防治措施

（1）路基全断面交验。

龙连管理处严格要求路基按“全断面交验”要求进行交验，即交验范围内的路基土石方、桥梁、隧道、边坡防护、排水等工程全部完成后实施全断面一次性移交路面标段施工，且一次交验路段长度不得小于2千米，从而很大限度解决了以往路基交验完成后，交叉施工带来的路面污染。

图7-7　“零污染”防治效果

（2）合理安排施工工序，沥青面层施工前完成所有附属工程。

管理处明确要求在沥青面层施工前，路缘石、路肩培土、中分带填土及绿化等附属工程必须全部完成，从而有效地减少交叉施工对沥青路面的污染，且加快了附属工程的施工进度。

3. 交叉施工管理

为了避免路面施工期间各附属专业交叉施工污染，根据管理处单位下发的相关管理办法，采取的主要措施如下：

（1）管理处同总监办对施工便道及路口进行审查，尽量减少主线范围内施工便道及路口，由交安标采用隔离栅及时封闭不必要的出入口。

（2）泥土、施工弃料不得直接堆放于路面上，必须铺设编织物垫设，更不得直接在路面上拌和，施工完毕后应立即清理场地。

（3）在路基主线旁服务区、停车区等施工区域出口设立洗车设施，确保施工不污染路面，同时要加快收费雨篷的施工进度。

（4）在路面上作业的各种施工机械、设备应确保性能完好，不得有漏油现象，同时要采取措施，如铺垫彩条布或者土工布等，保证施工现场路面不受污染。

图7-8　交叉施工管理

（5）当某一位置需集中交叉施工时，及时报告总监办，由总监办管理小组协调施工顺序，避免冲突。

上述具体交叉作业管理措施科学、有效地减少并合理地组织现场交叉作业，很大限度提高了施工效率和质量。

图7-9　主要出入口均设置洗车池

4. 出入口车辆清洗和日常巡查、清理

路面及拌和站的主要出入口均设置洗车池，所有车辆进入路面必须经过洗车池，对车轮进行冲洗，从而有效控制了污染源、减少路面污染，树立了后场文明施工的良好形象。

5.“零污染”专项巡查小组高效优质管理

LM2标成立路面“零污染”巡查小组，主动作为、自我监督和监督其他单位，配备“山猫”多功能扫地车、大吨位水车等设备和大量人员，及时清理发现的污染源，不留后患。对于其他单位造成的污染，巡查小组则及时在工作群内公布，由监理和管理处督促相关单位及时清理，并视污染程度进行处罚。

图7-10　洒水车清洗路面

图7-11　多功能扫地车

三、LM3合同段亮点

（一）摊铺机械改装后用于路肩培土、提高培土效率保证质量

为保证路肩培土施工质量及进度，LM3合同段在路肩培土工作中采用摊铺机改装设备进行施工，有效地提高施工速度并保证施工质量。

图7-12　摊铺机械改装用于土路肩填筑

路肩培土采用摊铺机改装设备施工，有效节约人工使用量，且很提高施工效率，同时有效减少路面施工由于培土造成的污染。实践证明施工效率明显提高，整平效果好。

（二）水泥砂浆喷浆机

房建施工传统抹灰中，通常采用人工操作方式将水泥砂浆贴敷在墙体上，工人施工水平不一，造成部分抹灰面与墙体不能有效结合，尤其是砖缝位置很难达到密实效果，墙体抹灰的空鼓率较高。LM3合同段采用特制的水泥砂浆喷浆机高压喷射水泥砂浆，由内而外层层叠加，对灰缝位置能够灌注密实，减少空鼓。

图7-13　水泥砂浆喷浆机

水泥砂浆喷浆机可以有效地解决人工抹灰效率低、不能连续高效工作的问题，尤其在多层建筑中，可以由喷浆机直接在下部加压，泵送到上部墙体进行喷涂，减少垂直运输时间，加快工作效率、解放劳动力。同时，人工用泥板向墙体抹灰时，会出现部分砂浆掉落造成材料浪费的现象，砂浆搅拌机在喷涂时加入海菜粉（植物胶质）增加了砂浆的黏着力，基本不会出现砂浆掉落的现象，减少材料浪费。

四、TJ2合同段亮点

（一）预制场临建标准化建设

梁场基底进行压实处理后，铺设15厘米石屑+20厘米C20的混凝土硬化，存梁区压实后用10厘米混凝土硬化、并设置2%坡度以利排水。运输通道下垫20厘米厚的碎石，采用20厘米厚C25混凝土硬化。

图7-14　预制梁场场区建设

为了保证施工区内的有序整洁，设计规划完整排水系统。在预制区左侧设置二级沉淀池，废水沉淀处理达标后供给自动喷淋养护系统。

梁板预制厂采用标准化临建方式并全线推广，安全高效地保证梁板的施工进度和质量，有效缩短龙连高速公路预制梁板的施工工期，为后续架设、安装等工序争取了时间。

图7-15　沉淀池及喷淋养生系统

（二）原材料管理有序堆放及使用

考虑施工便利性和管理效率，合理规划各种原材料的集中堆放场地，做好下垫上盖工作。

图7-16　各类制梁原材料有序集中堆放

梁场内原材料的有序集中管理及堆放，保证现场施工效率和质量；严格的原材料报批及检验制度，保证用于生产预制梁板的原材料质量，提高预制梁板的施工效率和质量。

（三）智能张拉压浆设备的科学使用

智能张拉设备采用柳州黔桥PCTS.B型，配置为二泵四顶，可实现两束预应力束同时同步张拉。张拉完毕立即采用真空压浆工艺进行压浆，水泥浆强度不小于50兆帕。采用智能压浆设备进行孔道压浆。智能压浆系统可以同时对两个孔道进行压浆，同一构件的压浆在5小时内全部完成。

图7-17 智能张拉及压浆设备

采用新设备进行施工，有效保证预制梁板的承载能力，全线推广使用后很大限度提升了预制梁施工质量和效率、节约人力物力。

五、TJ3合同段亮点

TJ3合同段路线全长9.6千米，坡陡山高，地势险要，大部分桥梁首尾都是一段高边坡挖方段，纵向便道极难贯通，需要从既有X173县道和Y691乡道修筑横向便道，以到达各主要施工点，再在施工点内部修筑局部纵向便道。TJ3标段范围内多达9处便道的纵坡超过30%，全部位于坡陡沟深地理环境下，多处需绕行至当地县道或乡道，施工难度极大。

图7-18 施工便道修筑

其中，最主要的两处难点为：

（1）水蓝村2号大桥至义都圩特大桥之间路基长度仅50米，挖方高度最高12米，因义都圩特大桥3号墩墩高39.3米，加上盖梁和预制梁的高度为170米，在此范围内高差达到57米，原地形纵坡接近34%，地形陡峭，便道需要展线至线外才能勉强形成运输能力。

（2）义都圩大桥与义都河大桥之间路基挖方最高达57米，填方最大高度达41米，坡陡沟深、纵向便道无法贯通，只能依靠Y691乡道筑横向便道至义都河大桥后再进行纵向运输。

TJ3合同段主要运输道路Y691乡道长7.5千米，大部分区域宽度只有3.5米左右，且沿河道修筑，同时多处损坏，需加宽或加固。项目部进场后对每条便道都进行路床处理，大部分路床填筑2米厚石渣，局部路面采用了25厘米厚的C30混凝土硬化，因地势陡峭砌筑了多段挡土墙。项目中进行道路加宽和增加会车道共60处，修筑C20混凝土挡墙和M7.5浆砌片石挡墙共15处。同时雇佣专人和设备对Y691乡道进行维护，对道路进行疏通，分段管控。

TJ3合同段克服了重重困难，顺利地解决了便道难、运输难、施工难等问题，按期完成了各个节点目标，确保了2017年底通车目标的实现。

六、TJ4合同段亮点

（一）人工挖孔桩施工管理

由于地处于山区丘陵地区，施工条件受限制，TJ4合同段大部分桩基为人工挖孔施工。人工挖孔桩的优点包括：可在孔内直接检查成孔质量、观察地质土质变化情况；桩孔深度由地基土层实际情况控制；桩底清孔除渣彻底、干净，易保证混凝土浇筑质量等。但人工挖孔桩施工难度大，安全要求高。

因此，标段成立了安全领导小组，组织人工挖孔桩安全演练等，保证施工安全。挖孔桩施工现场严格按要求围护，悬挂标志标牌，配备安全设施，如：卷扬机、渣桶、配重、爬梯、半月形挡板、鼓风机、气体检测仪、炮被等。自施工开始至全部人工挖孔桩施工完毕，未发生任何一起安全事故，按既定节点目标完成的同时，实现了安全“零事故”。

（二）护栏施工台车

为了增加防撞护栏施工安全系数，保障作业人员安全，TJ4合同段结合施工实际情况，制作了更先进、更便捷的护栏模板台车。护栏模板拆装台车由行走系统、挂篮系统、起重系统组成。行走系统由驱动装置、转向机构、行走轮胎和行走平台组成，以控制台车的行走和转向。电动操作，更绿色更环保；吊篮设置，更便捷更安全。

图7–19　人工挖孔桩施工

在护栏施工过程中使用护栏模板整体拆装台车进行模板拆装施工，减少护栏模板拼装次数，从而降低模板拼装时产生错台的概率。同时台车可以一次性将拼装好的大块模板进行安装，提高工作效益，降低工人的劳动强度。

图7-20　护栏施工台车

（三）桥面铺装施工

桥面铺装是用水泥混凝土等材料铺筑在桥面板上的保护层，作用是分布车轮的集中荷载，从而保护桥面。TJ4合同段采用三辊轴施工，施工优点有机身较轻，操作简便灵活，具备较强的摊铺能力，在供料充足的情况下，摊铺速度可达40~50延米/小时。

三辊轴操作时，有专人控制行驶速度、布料和填料，确保了铺装面饱满、密实；随浇筑、振实、整平的进度及时清理三辊轴行走标高带，确保了标高准确；采用电动抹光机进行二次抹面，再用座驾式抹光机收面，确保了桥面平整度。

桥面铺装施工采用新工艺、工法，有效保证了桥面铺装的施工质量及桥梁整体化层的耐久性。因此，管理处多次组织其他施工单位来项目部观摩学习桥面铺装施工。至今，桥面未发现任何微裂或及裂缝。

图7-21　桥面铺装施工

七、TJ5合同段隧道水沟电缆槽施工

TJ5合同段李田隧道为分离式小净距隧道，长722米。本隧道围岩分布复杂，工期较长，能否提早完工关系到后续架梁运输通道的拉通能否开展。为了节约工期提升通车后的舒适度，减少工程质量隐患，必须确保水沟电缆槽一次成型，线形顺畅，外形美观。

通过铺底施工前预埋钢筋、确保钢筋间距、绑扎横向钢筋和纵向钢筋间的每个节点、电缆槽定型模版安装、钢筋定位及一次性浇筑成型等标准化施工工艺，严格首件制，保证施工后隧道水沟电缆槽线形顺直美观。

八、TJ9合同段亮点

（一）桩头控制器

桩基灌注混凝土桩头标高控制尤为重要。为了保证桩基顶部混凝土质量，水下混凝土灌注需超灌0.5~1米，多余部分接桩前进行凿除。传统的施工方法是，利用测绳或者竹竿测量混凝土灌注顶面的高度，从而确定混凝土标高，但由于混凝土顶面以上存在泥浆和混凝土浮浆，难以准确测量。

为了降低灌注桩混凝土的超灌高度，保证桩头质量并避免混凝土浪费，降低桩头破除的难度，TJ9合同段项目部施工技术人员在施工过程中集思广益、自主创新出桩基混凝土防超灌控制器，在保证施工质量和加快进度的同时赢得了效益。

桩基混凝土超灌控制器的工作原理是：灌注桩基混凝土时，根据设计标高调整好挂钩位置，将混凝土标高控制器悬挂于穿杠槽钢上，当标高控制装置的挂钩开始上升时，即表示混凝土已经灌注至预控标高，可立即停止灌注。

项目部施工的桩基桩径一般为1.2~2.5米，采用桩头混凝土标高控制器后，桩头高度控制适当，同时降低了桩头破除难度，加快了施工进度。采用此种方法节约混凝土2400余立方米，节约成本96万元。

（二）吊筋循环利用装置

桩基施工过程中为了控制钢筋笼高程及中心位置，需使用吊筋将钢筋笼悬挂在护筒上方的钢管上，以保证其不倾斜、不下沉。在以往基坑开挖施工过程中吊筋损坏严重，不能再重复使用，只能作为废料处理，造成了材料的浪费。

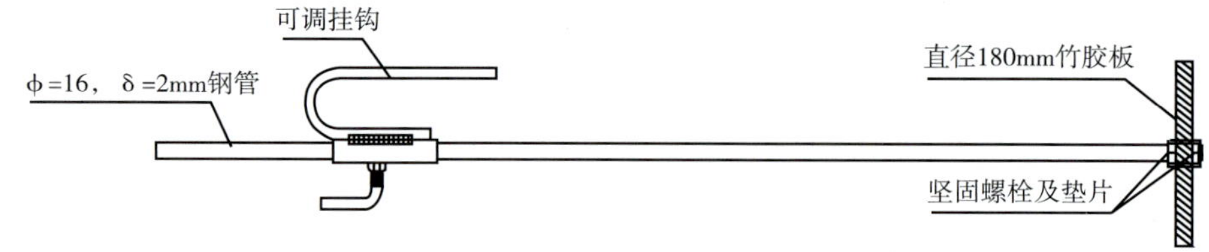

图7-22　防超灌控制器大样图

项目部施工桩基数量大，如果按照常规的吊筋施工方案，将会增加桩基吊筋的数量，同时间接增加成本投入。为减少桩基吊筋的损耗，项目部现场施工技术人员经过实践摸索，提出了一种安全可靠、经济实用、操作简便并可循环利用的吊筋方案。

该吊筋方案的组成材料包括：ϕ16螺纹钢、ϕ10圆钢和14厘米×14厘米厚3毫米的钢板。施工的主要过程为：钢筋笼吊装入孔前，拔出ф10圆钢制作的销钉，U形钢板勾住钢筋笼最上部箍圈，插好销钉；根据事先算好的吊筋长度确定穿圆管的位置，吊筋上井字架竖向每10厘米设置一道；待桩基灌注完成大约15分钟后，拔出销钉，扭转吊筋90度，即可取出；用清水冲洗干净吊筋后，待下一循环使用。

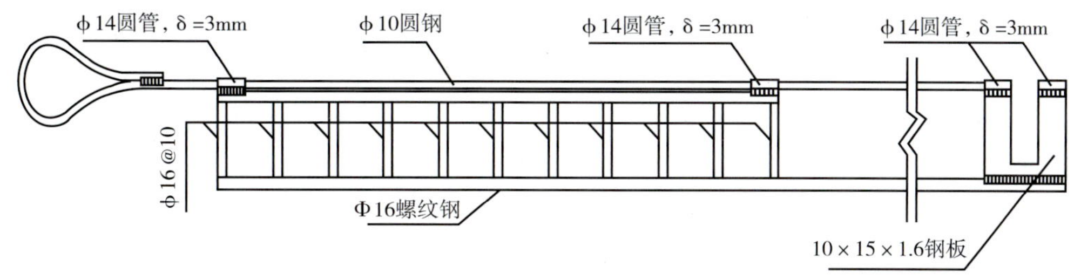

图7-23 可循环吊筋设计图

按照此种方法，桩基施工过程中使用吊筋循环利用装置后，共节约吊筋20余吨，节约成本约7万元。

（三）钢筋间距控制卡具

根据标准化施工要求，结构物钢筋间距的合格率必须达到90%以上。以往的施工中，一般采用钢筋安装完毕后再进行测量、调整的方法，但施工效率低，一旦某两根钢筋的间距不符合要求，就要重新进行调整，既费工费时，也不能保证合格率。

图7-24 可循环吊筋

为了加快施工速度，提高施工效率，确保钢筋间距的合格率，TJ9合同段技术人员在实际施工过程中与班组人员进行探讨，经过反复试验，制作了方墩钢筋间距卡具，如图7-25所示。

主要原理：采用ф25下料钢筋，连接部位采用螺栓连接，便于安装和拆卸，主筋周围按照方墩主筋间距焊接短钢筋，制作成卡槽。墩柱主筋钢筋直接套在卡槽中，使用卡具进行钢筋间距调整，极大地提高了工作效率。

利用此卡具进行方墩主筋安装，不仅方墩的钢筋间距合格率达到了100%，而且提高了工作效率，符合标准化建设的要求。

（四）预制梁防撞护栏预埋钢筋绑扎模具

预制梁钢筋绑扎过程中，预埋钢筋的间距、外露尺寸是其质量控制的重点和难点。以往的施工中，一般在预制梁顶板钢筋绑扎完成后进行防撞护栏预埋钢筋的绑扎和焊接，采取拉线控制方法，人为因素影响较大。

为降低拉线控制间距引起的偏差，技术人员在施工过程中开发了防撞护栏预埋钢筋绑扎模具，在地面采用胎膜架进行防撞护栏预埋钢筋绑扎焊接，然后整体安装至已绑扎好顶面钢筋的梁板上。

图7-25　钢筋卡具

图7-26　预埋护栏钢筋卡具

在采用胎膜架进行防撞护栏预埋钢筋间距控制后，预埋护栏钢筋合格率达到了95%以上，有效提高了合格率，并节省了人力物力，为创建品质工程打下了坚实基础。

（五）梳齿板封堵工艺

预制梁板翼缘板钢筋绑扎完成后，将水带从翼缘板钢筋中穿过，用双面胶或扎丝将其一端与梳齿板进行固定，然后用梳齿板上的脱模剂平整紧贴在梳齿板内侧，在另一端用同样的方式固定牢固。

图7-27　拆模后的止浆效果

在浇筑混凝土时，为避免混凝土直接冲击水带，应与顶板混凝土一并慢慢地从梁的一端顺延浇筑混凝土至另一端，从而防止水带边缘探入混凝土中，无法拆除。拆模时间不宜太晚，否则容易导致水带不便拆除，并且影响翼缘板的凿毛。拆除梳齿板需注意保护好水带，避免砸出孔洞，影响下次使用。上述工艺既保证了翼缘板的外观质量，也可使水带循环利用，节约材料。

九、TJ10合同段亮点

（一）洞门清水混凝土施工

金花隧道进口端左线洞门和出口端右线洞门采用端墙式。端墙式洞门墙厚1.5米，坡度为1：0.1，采用C30混凝土。原设计中端墙采用花岗岩板饰面，变更后采用清水混凝土施工。

清水混凝土是直接利用混凝土成型后的自然质感作为饰面效果的混凝土，一次性浇筑成型，不需要做任何外观装饰，因其极具有装饰效果，又被称为装饰性混凝土。不同于普通的混凝土，它直接利用现浇混凝土的自然表面作装饰效果。因此，要求其表面平整光滑，表面颜色无明显色差，棱角清晰分明，没有破损及污染，只在表面涂一至两层透明的保护剂，显得浑然天成，天然而庄重，内敛而平和。

原设计中端墙混凝土结构表面所用的饰面材料是花岗岩面砖，面砖存在粘贴问题，一旦脱落，比较危险。清水混凝土具有如下优点：墙面整体性好，由于没有抹灰层而减少了工序、缩短了工期，同时有效地避免了空鼓开裂、脱落等常见的质量隐患，节省一定的工程量。采用清水混凝土结构，提高外观质量、保证安全的同时又可降低成本、绿色环保。

图7-28 金花隧道进口端清水混凝土洞门墙

（二）隧道涌水处理施工

在施工中过程中金花隧道先后出现3次较大的突水，TJ10合同段通过仔细勘查现场，采用合理、有效的开挖支护方案，成功地解决了突水的施工问题，施工现场涌水如图7-32所示。

图7-29 掌子面突水情况

1. 处理方案

采用先进科技探测前方地质情况，涌水后分别采用地质雷达法、瞬变电磁法及超前钻孔法对前方围岩进行探测。根据钻孔出水情况制定应对措施，超前局部预注浆采用T76型自进式锚杆提高围岩的承载能力，保证围岩的整体稳定。

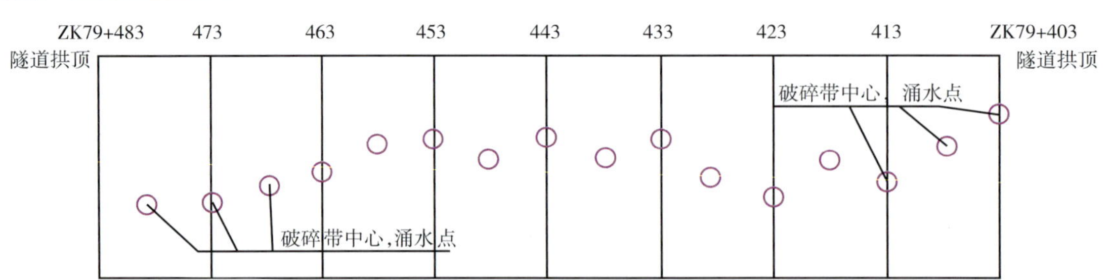

图7-30　涌水点纵断面图

图7-31　现场瞬变电磁检测

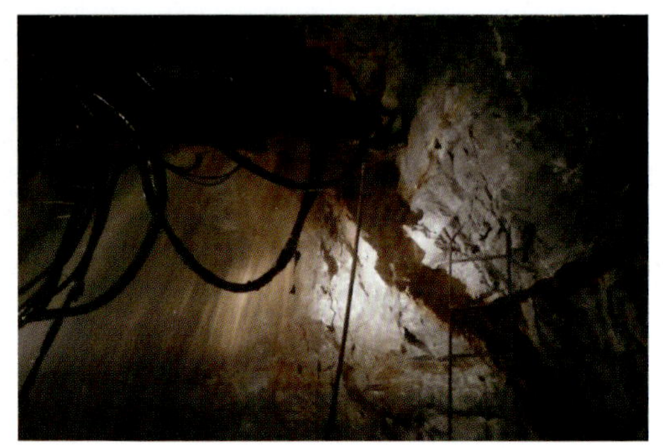

图7-32　超前地质钻钻孔

对地下水的治理分为两步进行。第一步，提高此段落的支护参数，加强周边围岩的加固。此段落的初期支护完成后，涌水段落与开挖面拉开了一段距离，方可进行第二阶段的施工，防止地下水随着掌子面的开挖与掌子面“齐头并进”。第二步，在涌水段落周边集中出水口两侧进行径向小导管帷幕注浆。采用这种注浆方法可使围岩中的裂隙被填充，渗流通道堵塞，最终使地下水在围岩之处寻求通路并建立新的平衡，使地下水位得以长期保持。围岩注浆在隧道外形成一个环形保护圈层，很大限度增强围岩抗渗能力，减少地下水向隧道区域汇集、渗出，显著地减轻隧道外的静水压力。

2. 施工效果分析

该段施工共计26天，平均每天进尺3.5米。施工进度控制较好，采取的辅助止水施工措施效果较好，初期支护完成后，对该段落出水量进行的持续观察显示，地下水的处理效果较好，基本满足堵水限排的施工技术要求。监控量测数据显示，该段落拱顶下沉及周边收敛处于稳定状态。

（三）前期临建设施

TJ10合同段于2014年12月30日进场后，项目部立即组织临时设施的建设，临建重点在于进口端便道及出口端便道，进口端便道全长约1.4千米，线路多处跨越河流及山谷，施工难度极大。为确保前期隧道施工进度要求，项目部从S341省道（K42+150）左侧作为便道入口新建一条施工便道，将隧道进口端施工提前了约30天。金花隧道进口端于2015年4月16日正式进洞施工。

金花隧道出口端，利用原有村道进行改造，进场后根据洞口实际情况，制定了较为合理的临建设施布置，比原计划提前了20天进洞施工。金花隧道出口端于2015年3月18日正式进洞施工。

通过优化原设计隧道进洞方案，金花隧道洞口进洞施工节约工期一个月有余，有效保证了施工进度、节约了成本。

十、TJ11合同段亮点

TJ11合同段预制梁板工程量大，由于人为因素不可控，传统方法施工的护栏钢筋通常存在预埋线型不顺、间距不均匀等问题。

通过观察发现，既然预制箱梁的钢筋可以在胎架上绑扎，护栏钢筋也可以在胎架上进行定制，然后整体吊装。根据这一思路，创新使用胎架做到了护栏钢筋绑扎的“无尺化”，很大限度提高效率；胎架采用废钢筋制作，节约成本。

使用胎架加工护栏钢筋，很大限度提高了护栏钢筋绑扎的施工效率，有效控制了护栏钢筋的线型、间距和尺寸，做到“无尺化”，同时做到从“场”到“厂”的转变。胎架采用废钢筋制作，不仅使钢筋间距优良，保证质量，而且节约环保。通过该工艺，合计节约费用约5.76万元。

图7-33　胎架上制作护栏钢筋、定型成品

图7-34　现场安装

十一、TJ13合同段亮点

（一）粗石山隧道洞内路面基层施工

《公路水泥混凝土路面施工技术规范》（JTGF30—2015）未对路面基层施工做相应设备及工艺要求，以往常规做法采用槽钢立模，自制滚筒整平，考虑到隧道开挖、衬砌施工仍在进行，一般采用左右分幅错开进行施工。TJ13标施工前进行了工艺及方案比选，为提升施工工艺水平、保证路面基层施工质量，决定采用路面面层施工设备，采用三辊轴机+排式振捣机进行施工，同时考虑路面基层板整体效果，利用车通改道保证开挖、衬砌施工，对路面基层进行全幅施工。

采用三辊轴机+排式振捣机进行施工，提升了施工工艺水平，保证路面基层施工质

图7-35 三辊轴整平

量，确保基层表面密实平整、无坑洼；对路面基层进行全幅施工，确保路面基层板整体效果；顶面标高进行多次测量复核，保证标高符合规范要求；缩短分项工期，加快关键线路施工进度，确保总体工期目标实现。

（二）粗石山隧道单工序考核

TJ13合同段粗石山隧道为龙连高速公路控制性工程，采用不同围岩支护类型及开挖工法。进出口采用劳务班组组织施工，施工过程中可能存在各作业班组由于工法不同造成各工序施工进度与产值偏差较大的现象，同时洞身开挖超欠线性控制较差造成地材消耗量超耗现象。

为有效促进项目各工序施工进度，控制工程成本，确保安全质量，完善隧道单工序考核，平衡各劳务班组收入与产出关系，同时协助机械保障分队、测量组做好机械保障及测量放线工作，有效加快隧道施工进度。依据实施性施工组织设计隧道施工进度指标情况、现场实际围岩情况及工法采用情况，特推行单工序考核。

项目部成立单工序考核管理小组，负责隧道单工序施工控制管理工作；设具体工作办公室，由项目副总兼任办公室主任，负责汇总各部门数据，核定考核结果并提交考核管理小组讨论。考核管理小组人员各司其职，各部门相互协调配合，建立起统一的管控链，按照一定的流程进行管理，促成管理连续、闭合。

单工序考核管理制度杜绝了工序衔接间隔时间较长的现象，有效促进项目各工序施工进度，避免了人机窝工。同时确保安全质量，控制工程成本，平衡各劳务班组收入与产出关系，有效提了升隧道施工进度水平。

（三）粗石山隧道洞内预留洞室施工

对特长隧道而言，预留预埋洞室及预埋管线形式多样，结构尺寸较多，易在施工过程中出现错、漏及不规范现象，加之出现问题后返工难度大，对衬砌结构破坏大，因此需在隧道施工中高度重视，为机电工程顺利施工提供便利条件。

施工前安排技术人员对预留预埋图纸进行认真复核，针对图纸中的疑问详细研究，并及时向设计及管理单位提出，进行图纸确认，从而保证预留预埋图纸的准确性。根据预留预埋设计图纸及设计交底、勘误，建立详细的预留预埋台账，按照里程桩号顺序对每一处预留预埋洞室、管线进行详细登记，详细记录每处预留洞室相关信息。

在建立台账后，项目部组织对相关人员进行预留预埋专项技术交底，交底的主要对象为测量组、开挖队、衬砌队、技术员。

图7-36　预留洞室验收挂牌饰

严格根据预留洞室设计尺寸提前加工定做模板，确保尺寸在设计规范范围内。预留洞室安装前均进行精准定位，衬砌拆模后位置准确、线性美观。通过上述施工管理标准措施，提高二衬预留预埋的线性美观，确保隧道机电安装质量，保证运营安全。

（四）粗石山隧道门禁管理系统

为了全面、及时、准确地掌握施工现场和施工人员的信息，预防事故发生，长隧道以上等级的隧道需设置稳定可靠的视频监控系统、门禁系统和人员定位系统，以便能实现灾害预防、事故救助、信息化管理等。粗石山隧道根据隧道施工实际情况，选择了人员考勤与定位管理、视频监控、人员/车辆门禁系统、通信管理等信息化管理系统，最大限度地利用资源提升隧道工作、管理的水平。

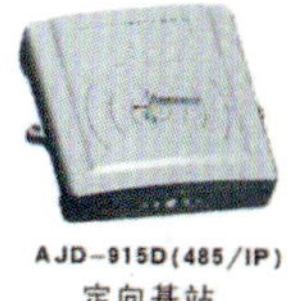

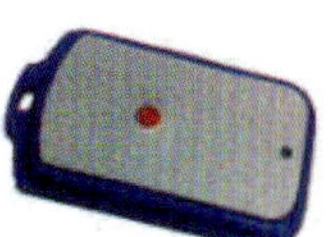

图7-37　基站与门禁卡

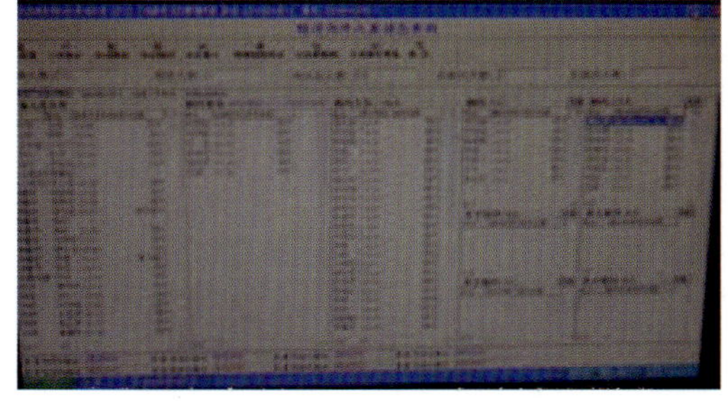

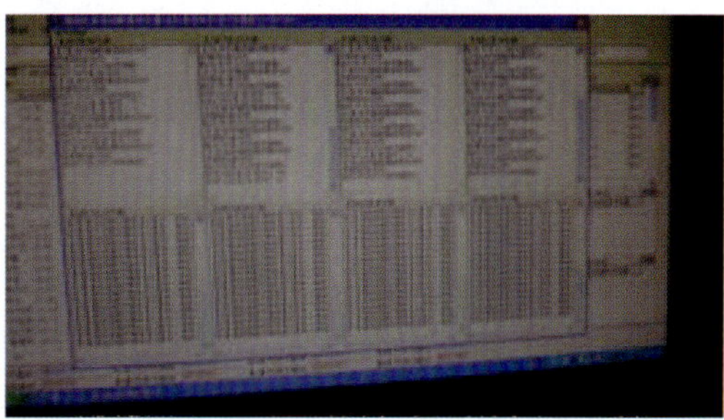

图7-38　人员考勤及定位管理系统

1. 人员考勤及定位系统

施工人员携带门禁卡进出隧道，管理系统会自动记录，代替以前的翻牌工作。感应距离可调整，无需刷卡，自动感应。隧道内安装定位基站，以基站为圆点，在基站有效读卡范围内搜索施工人员，并将信息通过无线网桥传输至管理平台。

隧道安全系统总管控台对施工现场作业人员动态进行模拟，通过网络将模拟数据传送到LED显示区间内，对施工现场进行动态管理。

图7-39　隧道安全管理系统总控台

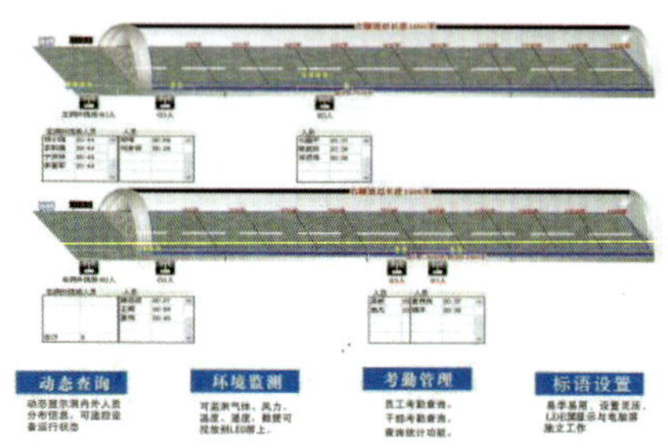

图7-40　施工现场作业人员动态模拟

2. 视频监控

在隧道洞口、掌子面、拌和站及加工厂安装摄像机，对施工现场进行实时监控，并可根据需要调节监控画面，实现集中监控。

图7-41　监控管理中心集中显示屏幕

3. 人车门禁系统

为了控制非许可或者无卡者随意进入隧道，在隧道口安装人行闸门和车行闸门管理系统，实现人车分流，同时杜绝非法出入。刷卡进出隧道后，门禁管理系统会将进出人员信息反馈到管理平台中，可通过LED屏幕显示。

图7-42　人车分流及门禁管理

4.通信管理

在隧道洞口处设置通信信号增强装置，提高隧道内通信信号的质量，保证通信顺畅。

图7-43　隧道通信信号增强装置

这些管理系统使管理组对施工现场和施工人员的信息有一个全面、及时、准确地掌握，确保粗石山隧道双线安全顺利贯通，零事故，同时最大限度地利用资源提升隧道工作、管理水平。

十二、TJ14合同段亮点

圆柱墩钢筋笼通常采用在后场胎架上预制好、前场安装的施工工艺，方墩很少采用后场预制的方法。因TJ14标段方墩较多、墩柱较高（方墩高度都是超过30米）、施工工期较紧，经过仔细讨论、比较、研究，施工组决定采用胎架制作方墩钢筋笼，尽可能减少人为因素的影响，并缩短施工工期。

采用这种工艺后，在后场可形成流水作业，钢筋笼主筋、箍筋间距精度显著提高，主筋顺直，线条流畅，钢筋笼质量易于控制，而且加工速度快，平均每天制作出一套长24米的方墩钢筋笼。相对于传统的制作工艺，这种工艺不仅提高了制作质量，而且很大限度缩短了施工时间。

图7-44 胎架制作方墩钢筋笼流程及效果

十三、TJ15合同段亮点

（一）施工中无人机应用

TJ15合同段进场初期，项目人员对工程所在区域地形、地貌不太了解。特别是山区高速，由于未清表，人员在山林中穿行困难，只能借助设计图纸进行实地勘查、分别规划，过程漫长且耗费大量精力、人力。为此，项目部购置无人机，借助无人机航拍技术快速、准确了解当地地形、地貌，能在极短时间内做出准确判断，辅助以谷歌地图，则能更加准确、直观地进行大临设施（尤其是施工便道）的规划、布置。

无人机能拍摄路堑高边坡整体地形地貌，监控高边坡情况。特别是对于已滑坡的路堑高边坡，无人机能清晰反应滑坡地质断面、裂缝宽度、裂缝深度、滑坡体大小等。无人机航拍具有一定的灵活性，而且操作也非常简便，可以拍摄整个项目从无到有、逐步变化的建设过程，为征地拆迁政策处理、工程进度管理、水土保持环境保护、工程质量控制、安全管理、交通组织等多方面管理工作提供完整真实的记录，特别是工程完工后，利用无人机为工程宣传及时地提供了直观全面的影像资料，提高了项目的影响力。

图7-45 无人机拍摄的照片

（二）龙连高速公路桥梁防撞护栏披上二维码

科技进步日新月异的时代，二维码很大限度方便了人们的生活，成为人们改善生活、提高生产效率的重要手段。龙连高速公路在TJ15合同段先行试点,将二维码引入工程管理。在桥梁防撞护栏标准化施工中，只需用手机扫一扫护栏上的二维码，便可轻松查阅材料品牌、施工班组、施工流程、技术要点、检查结果等信息，相当于护栏的“身份证”，可溯源、可追踪。

二维码的应用仅仅是项目管理信息化的一个方面。为落实“品质工程”建设要求，提升工程管理水平，龙连高速公路正在全力推进工程管理信息化。通过结合智能手机终端，采用图文并茂的方式推广标准化施工和进行技术培训、交底，管理处打通了传统的项目信息管理费时费力的瓶颈，实现了动态管理，极大地提高了作业人员对标准化施工技术的学习兴趣和积极性，开创了项目信息管理的新模式。目前，龙连管理处正在全线积极推广这类新模式的应用。

图7-46　桥梁防撞护栏披上二维码

第八章

龙连思考　敏思道至臻

施工亮点集萃，不意味着龙连人的筑路事业一帆风顺、成果唾手可得；龙连高速公路在控制性工程会战上的胜利凯歌，不应也不曾淹没筑路过程中的浅唱低徊。施工标段的工程管理有无更有效率的方式方法？征地拆迁工作有无更合理的解决方案？安全生产与施工进度的把控、规划发展与工程现实的精确计算是否都无懈可击？对于这些问题的思索，是龙连人培养团队工匠精神的重要一环。这些问题也值得高速公路建设者不断思考与反省。

第一节　工程管理之思考

一、工期比同类项目少一年，建议相应提高工程单价

龙连高速公路工程体量大，工期比其他建设项目又少了一年，为了满足项目整体进度要求，施工单位相比其他项目增加的施工投入更多，这不但加重了施工单位的负担，又加大了工程管理难度。因此，建议类似龙连高速公路工期短、任务重的情况，应适当提高工程单价，以解决施工单位为推进工程进度增加投入所带来的负担。

二、细化工程内容划分，将伸缩缝施工划归路面标段

桥梁伸缩缝虽体量较小，但施工质量关系到行车舒适性以及安全性，许多项目开通没几年就发现桥梁伸缩缝已严重变形，存在跳车现象，给行车安全带来隐患。

本项目所有桥梁伸缩缝是划归到土建标段施工的，但因桥梁伸缩缝工作需在路面上面层施工完成后才能开展，而此时各土建标段均早已完成主体工程建设，项目部主要管理人员、搅拌站及试验室人员均已撤场，不但没法自供混凝土，而且项目管理力度也不如主体施工时强，对桥梁伸缩缝的施工质量把控极为不利。因此，建议将桥梁伸缩缝施工划归路面标段，不仅可以顺序衔接工序，而且可以有效把控施工质量。

三、设计阶段细化现场勘查，尽可能扫清施工阻碍

枢纽互通内地形复杂，涉及既有高速公路与新建高速公路排水、防护重叠问题，在施工过程中会遇到许多变更及协调问题，因此，需要在设计阶段详细地对互通内具体情况进行勘查，尽早发现问题，通过设计优化予以解决，以免影响后期施工进度。

另外，在施工过程中发现，个别桥梁须下穿既有高速公路桥梁施工，但预留净空过小，正常架桥机无法顺利完成架设，须单独对架梁设备进行改装，不但增加了施工单位成本，同时也延长了施工时间，这些问题都是需要在设计阶段进行详细勘查并考虑的。

第二节　征地拆迁之思考

工程建设项目的征地拆迁工作具有一定的多变性、复杂性和形式多样性。为了合

理有效地处理和解决征地拆迁工作中出现的各类问题，确保工程建设项目可以在规定时间内完成，在龙连高速公路的征地拆迁工作中，团队既要努力节省工程费用，又要在既定的时间目标节点完成征地拆迁任务，并在项目管理的全过程中做到依法依规、统筹兼顾。工程征地拆迁工作中仍有许多方面值得反思和改进，以期为未来的工程建设和项目征地拆迁工作提供借鉴和参考。

一、设计阶段

1. 严控和优化设计

设计费用仅占工程全寿命费用的1%左右，却影响工程造价的75%，应从源头上严格把控设计方案，尤其是在初步设计阶段和定测阶段。

（1）初步设计阶段，一是把握好路线方案，调查清楚并合理绕避征拆敏感点（个案）；二是严控路线方案图纸，做到不泄密。

（2）定测阶段，一是认真细化定测确定的方案；二是联合地方政府，对定测方案的带状用地进行加宽控制，严防“三抢”等不利征拆的情况；三是测绘单位提前进场，仔细摸查拆迁物情况（类型、数量、面积及规模），充分考虑国有交通运输用地（含高速公路和国省道）及新增建设用地的征地费用，如国有交通运输用地不需给予地方政府征地款，建议由省级有关部门硬性出台相关文件，避免与地方政府扯皮；四是管线工可阶段，管线咨询单位对全线进行现场实地调查，例如本项目的通信线路迁改，在原概算综合单价100万元/千米偏低的情况下，仍进行不合理压减，导致实际迁改费用超出概算2014.08万元，建议以后在报送批复概算时采用通信工程预算系统进行测算。

2. 杜绝概算漏项

概算编制过程中，项目要尽可能地考虑全面，增加法律、审计、考古、自然保护区、临时用地、拆迁临时安置及拆迁维稳等征拆相关项目，在征拆项目及征拆数量上要做充分估算，减小因漏项带来的超概算压力。

3. 征地和拆迁的单价要合理

首先，随着征拆方面的法规越来越严格，农民法律意识的不断提高，对待征拆工作的思路也应与时俱进，打破“保建安，压征拆”的传统思路，做到“合理建安，留足征拆”。其次，项目所在县、市如有在建高速公路项目或2年内通车高速公路项目，编制概算时需参考上述项目的征地和拆迁单价及其征拆费用构成，如征地单价、房屋拆迁及迁坟单价等，否则将对合同谈判及项目推进实施造成极大困难。

4. 从报批着手铺垫

在项目实施阶段前，依据摸查的拆迁数据，配合征拆合同谈判情况，在地方拆迁安置价格过高的情况下，可将拆迁户安置地统一纳入项目整体用地报批，后续统一进行征地。

二、项目实施阶段

1. 合同谈判

在征拆合同谈判过程中，控制征地单价及单价构成内容，同时对个案谈判可以进行部分流程约束，例如个案预估金额超过多少需由评估、审计或者法律顾问介入等，防止后期实施过程中“空谈”，也便于控制个案方面的费用。

2. 审计的全过程介入和延伸

项目的全过程审计应配合政府审计部门，提高审计频率并延伸审计至地方高速公路指挥部。通过审计介入产生威慑力，让部分投机分子无机可乘，从而规范征拆资金的使用。

3. 创新实施模式

龙连高速公路在电力线路迁改方面，超前谋划、大胆创新，采用设计施工总承包的模式，灵活处理项目电力线路迁改，最终提前完成任务目标，并在概算基础上节省2500万元，约占概算中电力线路迁改费用的11.5%。

在征地方面，采用征地综合单价包干的模式，征地综合单价不分地类，含青苗、留用地及规税费等一切取得土地使用证的费用。因为征地为征拆最主要的费用支出，地类及青苗是过往犯错误最多的地方，也是最不可控的因素。

4. 控制个案等不可控因素的支出

成立项目个案工作小组，筛选征拆难点，依照合同条款，结合项目进度确立个案。在个案谈判过程中，个别重大个案可由法律顾问、评估团队甚至审计人员全过程参与，控制资金使用。

5. 严控三改、补征地及填平区等

在征拆过程中，严格把控三改、补征地及填平区等用地，防止地方政府通过三改及提高三改标准等手段做大“蛋糕”，从而避免不必要的用地和浪费，节省项目建设费用。

6. 做好结算工作的把关

当项目的征地拆迁工作进入结算收尾阶段时，建议上级公司委派相关人员参与征地拆迁的结算工作，为结算合同及结算资金的支付把关，检查征拆个案资料及收尾工作，做到征拆资料完善，经得起审计。

第三节 安全管理之思考

一、时刻牢记把安全生产放在第一位

龙连高速公路地处粤北山区，地质条件复杂，雨季长，工程体量大，工期紧，相比同期开工项目要提早一年完工，项目抢工期加速生产，而安全防护一装一拆，往往需要人力、物力的投入，工程进度与生产安全之间的冲突在所难免，如何处理这个矛盾？龙连管理处安全生产第一责任人张利主任做出了明确的回答：“龙连不要没有安全的工程进度！”他要求项目必须把安全生产放在第一位，全体安全责任人应尽职尽责，始终保持高压态势，杜绝违章违规作业。

二、专项施工方案先经评审，方能施工

安全管理要针对一些危险性较大的分项工程，以及施工中的薄弱环节和关键部位进行重点管控。危险性较大的分项工程需要制定专项施工方案，经相关技术人员和监理工程师评审后方能实施。个别施工单位为了工程进度可能会产生“先施工后方案”的情况，针对此情况，龙连高速公路项目强化专项巡查力度，内业看方案，现场核方案，重点管控，确保施工安全。

三、安全奖励有限，不利于调动积极性

龙连高速公路参建单位众多，素质不一，为更好地推行安全化管理，龙连管理处制定了“创安全生产标杆”活动方案，旨在通过树立一批分项工程安全生产标杆，营造“你追我赶”的学习氛围，以达到提高全线安全生产管理水平的目的。从目前来看，确实有所成效，但由于安全奖励有限，个别合同段参与活动的积极性不高。

第四节　计划合约之思考

一个项目合同的管理和执行水平体现了项目整体管理水平，龙连高速公路高效的合同执行力保证了工程的顺利推进，但在项目实施过程中仍有许多方面值得思考。

一、地材信息价

一方面，随着高速公路施工沿线开工建设，地材原有的供需关系被打破，同时，政府各部门均在逐步收紧石场开采并控制河道采砂量，导致价格上涨。然而，项目预算阶段对地材调研和摸查所得到的结果，仅仅是未开工时的价格，项目开工后，实际的地材价格会高于预算价格。另一方面，由于有关部门发布地材信息价较市场价有一定的滞后性，且地材市场价地域性较强，实际价格往往高于信息价格，这就导致项目施工单位承担的风险较大。

二、招标

招标工作看似计划性强，实则变化莫测，这是由招标项目的差别，以及投标人编制投标文件能力的参差不齐导致的。尤其是开标评标阶段，时间紧、任务重，工作人员在完全封闭的环境中加班加点地工作很容易出现错误，而一点不起眼的失误可能会导致废标、流标等情况，直接影响项目后续工作的开展。因此，在开标评标之前必须认真核对所有投标人的信息，不断模拟开标评标等情况，提前做好评标报告的编制和测试工作等，保证场外充分准备，场内从容应对，不慌不忙，不急不躁，顺利完成招标工作。

三、劳务分包

分包管理是本项目土建工程施工管理中的一大难题。龙连高速公路施工招标共分为先行工程、控制性工程和一般性工程，对应的施工单位进场时间分别为2014年底、2015年上半年和2015年下半年，相关的分包、劳务工作也按招标文件的要求同步开展。在龙连高速公路项目实施阶段，广东省交通运输厅下发了《广东省交通运输厅关于公路工程施工分包管理实施细则》（粤交基〔2015〕634号）。目前，分包市场仍欠规范，多种资质证书并存，是下一步规范管理的要点。

第九章

龙连文化　细雨润无声

“千淘万漉虽辛苦，吹尽狂沙始到金”，多年的团结奋战，龙连管理团队不管是在方向性的施工建设管理，还是细致入微的日常管理，均逐步形成了以树立服务意识为核心的业主管理观念，和以法治制度约束人、以社会主义核心价值观引导人的反腐倡廉机制。龙连管理处的企业文化建设成就，获得了行业内外和社会各界的高度认可，吸引了众多媒体的目光，这既是龙连人巨大的荣誉，又是龙连人奉献高速公路事业的动力源泉。

广东省交通运输厅副厅长贾绍明在视察龙连高速公路后称赞，龙连高速公路是广东省本轮高速公路建设大会战中将“绿色公路”理念贯彻落实最好的项目，各项工作成果为省内近几年通车项目之首。虽然龙连高速公路的施工条件十分严苛，但项目在推进工程进度、保障工程质量、维护生态环境等方面取得了优异的成果，切实做到了“多、快、好、省”。

第一节　服务意识让大家拧成一股绳

作为广东省人民政府授权管理的业主单位，广东省南粤交通龙连高速公路管理中心龙连管理处（以下简称“管理处”）既服务沿线群众，又服务施工建设队伍。管理处自成立以来，就着力从安全管理、征地拆迁、施工建设和计划合约等方面，全方位打造“服务型”业主，使得“服务意识”“服务能力”成为龙连高速公路的一张亮丽名片。

图9-1　广东省南粤交通投资建设有限公司综合事务部部长胡健（左三）检查龙连高速公路建设及营运筹备情况

一、安全管理

管理处始终坚持“以人为本”的服务意识，认真贯彻“安全第一，预防为主，综合治理”的施工要求。在安全标准化推行过程中，各参建单位安全管理水平、素质不一，管理处精选师资亲临施工合同段，开展专项施工安全技术培训和交流学习，全线安全管理人员安全管理知识水平均得到了很大提高，达到“干一个项目、学一门专业”的效果，同时也很大限度提高了全线安全标准化水平。在强化应急管理工作中，管理处制定了安全生产综合应急预案，通过预案指导各施工单位制定操作性较强的项目应急预案。同时，在应急演练中，业主、监理、施工三方共同参与、共同联动、共同应急，通过演练检验了各预案的可操作性，共同强化了项目的应急管理能力。在日常隐患排查治理中，针对现场发现的隐患，管理处根据相关技术规范细心指导，始终以与施工、监理共同协调的方法来清除存在的隐患，动员“一岗双责”，达到以“要我安全”到“我要安全”的思路转变，始终与参建各方统一战线，凝聚全体龙连安全人的力量，为实现龙连安全管理目标共同努力。

图9-2　龙连高速公路人工挖孔桩施工安全技术交流学习会议

二、征地拆迁

管理处廉洁奉公、遵纪守法、公平正义，把服务工程建设的工作宗旨落实到征地拆迁的全过程。为此，管理处明确了三项服务要求。

一是突出服务态度的主动性。为配合项目工程建设需要，管理处对征地拆迁工作超前谋划，提前部署，服务大局，急施工单位之所急，想地方政府之所想；主动为施工单位协调临时用地，主动为尚未交地的地方实施电力线迁改，主动提出“永临结合”的电力迁改思路；主动征拆，倒排工期，对控制性工程、大填大挖和主线预制场等重点征拆任务进行目标分解；主动收集征拆信息，制定策略和方法，破除征拆个案难点；主动协调工程管理部及设计单位为地方实施三改，还地方村民以便捷，尽量减少工程建设对地方造成的影响等，为项目建设创造“路地和谐”的美好氛围提供有力保障。

二是突出服务制度的精准实效性。管理处着力践行征地拆迁工作精准服务的思路，针对不同的问题，在与地方政府有效沟通的前提下，积极制定相应的措施和对策，狠抓责任落实，争分夺秒，快节奏完成项目征拆，保证按时交地。面对工程抢险、阻工纠纷等突发事件，龙连征拆团队高效启动预先筹备和谋划的应急机制，即刻成立抢险工作小组，采取架构扁平化沟通机制和召开专项协调会等服务措施，奋不顾身地冲在最前列，为工程抢险赢得时间，最终及时妥善地化解阻工纠纷。

三是突出服务速度和效益。在项目开工前，管理处快速完成项目整体用地报批，保障了施工单位进场后施工的合法用地。项目开工过程中，管理处阶段性地顺利交地，及时、妥善处理突发情况，为项目建设提供全过程的跟踪服务；确保施工单位进场后有地可用，为“大干快上”的工程进度提供坚强保障；最大限度地为工程建设争取时间，为现场施工争取作业面，为项目建设节省工期，为参建单位创造效益。

千难万难，征地拆迁第一难，征地拆迁是难题，但不是死题。管理处着眼于上述三个服务指向，出色完成征地拆迁工作，得到上级领导的高度评价。

三、工程建设施工

管理处竭尽全力处理好现场发现的每一个问题，保证现场施工质量，加快现场施工进度，积极服务各参建单位，全心全意扮演好服务型业主角色。

其一是主动作为、积极服务的工作态度和工作作风。龙连高速公路项目工期短、任务重、施工条件复杂。在施工高峰期内，每位业主代表要管理2～3个标段，白天深入现场一线巡查施工质量、安全和进度，晚上还需加班处理工程变更、计量等内业资料。在日常巡查中，工程部人员主动检测现场施工质量，从绑扎焊接、尺寸间距、桩基冲孔，到混凝土浇筑、尺寸检查、回弹检测等，每一道工序都会在巡查过程中被抽查检测，一旦检测不合格，工程部会立刻下发指令要求整改并限期闭合，严格把控现场质量关。

其二是落实奖励制度，彰显服务意识。管理处制定了优化设计奖励办法，积极采纳各参建单位有关优化设计的合理化建议，并对节约造价达100万元以上的按20%的比例给予提出建议单位奖励，单项建议奖金总额不超过50万元。施工单位提出合理化建议后，管理处根据实际情况积极组织各方广泛深入调查，积极优化变更处理。各参建单位共提出合理化建议40多项，其中被采纳并达到奖励条件的约12项，共节约造价4000余万元，合理化建议提出单位共获得奖励金600余万元。奖励制度的贯彻执行，使得各参建单位节省了相关投入并拿到了相应奖励支持，彰显了管理处的服务意识和服务能力。

其三是联合计量，提升服务“连续施工”能力。龙连高速公路项目工期紧张，无时无刻不在与时间赛跑，为保障现场连续性施工，管理处积极推进现场联合计量办公。每个月初计划部组织工程部、总监办、各施工单位进行现场联合计量，四方一同巡查现场工程完成情况，审核相关资料及工程数量，发现问题即刻核改，极大地节约了逐级审批所花费的时间，保证各参建单位能够尽早拿到计量款项，使工程施工的资金链运行通畅。总而言之，各路段既定工程项目的建设，是龙连高速公路建设的核心，协调统筹相关部门，确保现场无障碍施工，是管理处服务沿线群众和参建单位的中心任务。

四、计划合约

管理处同样着眼于“服务型”理念的构建，积极开展相关工作。并将“服务为本”的理念落实到了工程保险理赔的实践中。为此，管理处采用流程化管理，多次组织全线施工单位进行保险理赔培训，制定保险理赔工作指引，规范工作流程；针对山区常发的地质灾害，管理处主动作为，实行现场理赔工作模式，急群众之所急，高速完成理赔工作；为加快解决因施工导致沿线房屋震裂而引起的赔付，管理处在南粤公司所属项目中创新地制定并下发房屋震裂保险理赔管理办法，加大协调力度，极大地减少了施工单位的损失，维护和保障了参建单位和沿线群众的利益。

龙连管理团队把“打造服务型业主管理团队”作为永恒的追求。项目工程的如期竣工，圆满诠释了龙连人“舍小家、为大家”的服务意识和工作态度。“服务型业主”的工程建设理念，使得龙连高速公路建设任务得以高质快速完成，并得到社会各界的高度认可。

第二节　紧抓党建　清风徐徐来

优质工程离不开规范、高效的管理和清正廉洁的工作作风。为提高管理效率，努力完成建设目标，龙连提出了“廉洁高效”的企业文化理念，把廉政文化建设作为落实规范管理、提高效率的重要依托。管理处在落实各项保障制度的同时，有重点、有目的地选取了一些重点领域和环节，结合党风廉政建设，营造廉政文化氛围。为确保相关工作取得实

图9-3　广东省南粤交通投资建设有限公司党群工作部部长何晓园出席“为工程建设者点赞”第一届龙连杯摄影展启动仪式

效，不仅在狠抓落实上下功夫，也十分注重在思想文化方面对全体员工的正确导向。

虽然以不足两年半的整体建设工期，建设127.467千米的高速公路，压力很大，但是廉政建设不能因任何客观因素而松懈一丝一毫。自管理处成立以来，龙连结合项目建设实际，积极探索，着力构建廉政风险防控体系，启动“企检共建”，在全线所有参建单位设立廉政举报箱，大力实施推进阳光政务。

图9-4　龙连管理处综合事务部合影留念

一、重制度，强落实，完善廉政建设工作机制

自项目投入建设以来，管理处就结合项目建设实际，践行廉政建设主体和监督责任，以“双精双廉”为廉政建设目标，纵深推进项目廉政建设和反腐败工作，在管理处本部及各参建单位项目部设立“廉政意见箱”24个，公布管理处廉政邮箱及联系电话，打通投诉信访渠道；以教育为基础、以制度为保障、以监督为关键、以纠风为重点，从源头上预防和治理腐败；牢固树立“三严三实”检验标尺，准确把握并践行“三严三实”基本要求，以开展 “两学一做”学习教育活动为契机，党支部书记带头讲党课，不断加强党风廉政学习，推动廉政建设。

图9-5　廉政意见箱

图9-6　党支部书记带头讲党课，开展廉政警示教育学习活动

二、签订《八小时之外活动承诺书》

为了提升员工抵御不正之风，加强自我廉政管理的能力，管理处要求全体员工签订《八小时之外活动承诺书》，要求职工在“八小时以外”，自觉做好廉洁自律、自觉树立廉洁形象、自觉遵章守纪守法，具体细致地要求干部职工自觉抵制各种不正之风，不被腐败现象侵蚀，接受社会各界监督。

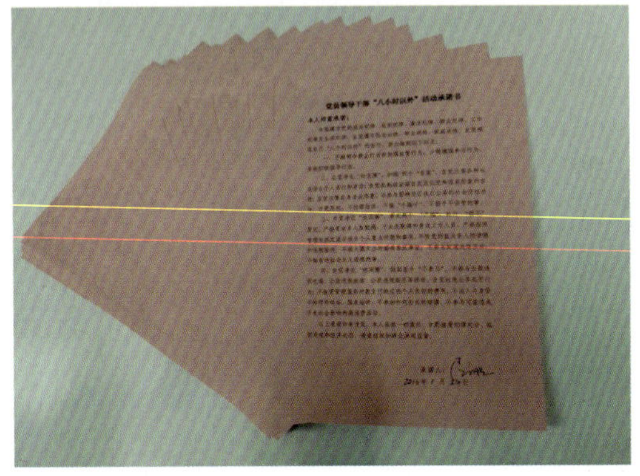

图9-7　全体员工签订的《八小时之外活动承诺书》

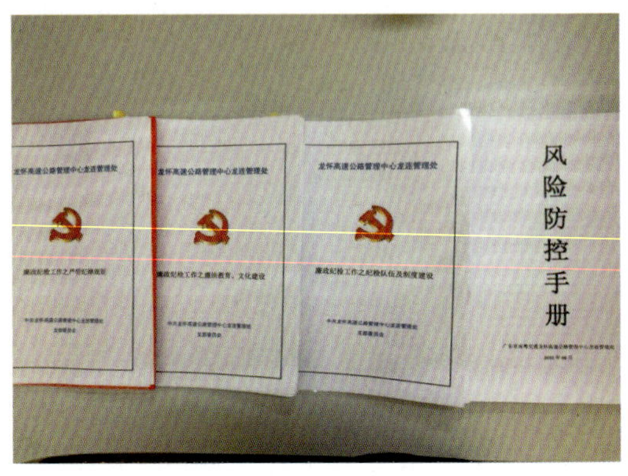

图9-8　完善党风廉政制度，编制风险防控手册

三、积极开展廉政风险防控工作

管理处积极构建源头防控体系，深入推进廉政风险排查防控工作，针对各岗位、各环节加强风险排查，划分风险等级，初步形成以岗位为点、以程序为线、以制度为面的风险防控体系，编印了管理处《廉政风险排查防控成果汇编》。

四、推进项目廉政建设共建共防工作

管理处联合河源市、韶关市人民检察院开展“立体式”“全方位”廉政共建与监督工作。通过廉政预警谈话、廉政座谈会、共同预防职务犯罪讲座等形式加强廉政建设；不定期考察施工现场进度及工程人员履职情况，从源头上预防腐败行为，确保工程建设和廉政建设同步推进。

五、发挥党员模范作用，划分党员责任区

2016年，管理处党支部以“两学一做”学习教育为契机，划分党员责任区，进一步明确目标任务。将业务工作的难点、重点作为党建工作的落脚点，充分发挥党员干部的模范带头作用。根据项目实际情况将全线划分为5个党员责任区，党支部书记、主任张利，支部委员、副主任兼工会主席黄锡辉等5位班子成员担任责任区负责人，为各施工标

段排忧解难，深入细致地推动党风廉政建设、征地拆迁、工程管理、安全管理工作，有效解决相关问题100多项。

图9-9　龙连管理处召开专项预防职务犯罪工作启动仪式

六、召开支部大会，重温入党誓词

管理处党支部通过召开支部大会，组织全体党员重温入党誓词，让党员在党旗下接受心灵的净化和洗礼，牢记共产党员的政治责任和历史使命，不断保持共产党员的先进性，以更加饱满的热情投身到生产和工作中，切实发挥共产党员的先锋模范作用，永葆共产党员的政治本色。

图9-10　召开支部大会，重温入党誓词

七、开展手抄党章100天活动

党支部持续开展“两学一做”教育学习活动，组织全体党员开展手抄党章100天活动，引导党员深刻认识坚持党的领导、加强党的建设、提高党内生活质量的重要性，准确把握纪律建设的基本要求，理解党的纲领、牢记党规党纪与党员义务、增强党性意识，做讲政治、有信念，讲规矩、有纪律，讲道德、有品行，讲奉献、有作为的合格党员。

第三节　全过程跟踪　把好审计关

为规范建设项目管理，节约建设资金、提高投资效益，龙连高速公路项目开展全过程跟踪审计。内部审计单位依据《审计法》《交通运输建设项目跟踪审计操作指南》《中国注册会计师审计准则》，国家和广东省有关法律法规规定、广东省南粤交通投资建设有限公司（以下简称“南粤交通”）的管理制度以及相关技术规范等，对项目的立项、征地、招标、合同、计量、变更、管理费用、财务支付等关键点实施全过程全方位审计，并发表审计意见。

图9-11　广东省交通运输厅副厅长徐欣（右二）、广东省南粤交通投资建设有限公司副总经理朱方（右一）等领导调研龙连高速公路建设情况，公司资金财务部部长林楠（左一）陪同调研

管理处高度重视并充分认识到，全过程跟踪审计是有效控制和如实反映工程造价，促进管理和廉政建设，保证建设资金合法、合理使用、提高投资效益的重要手段。管理处建立了报审机制、跟踪机制、意见交换机制、意见反馈机制，专人按时报送审计资料，专人负责涉及各职能部门审计事务的跟踪协调，与审计机构定期就审计问题交换意见，并将审计提出的问题初稿通过邮件发送至对应业务部门，由分管领导督办，限时回

复，搭建起了“上下沟通、及时总结，发现问题、及时解决”的制度平台。审计机构的全过程介入，促使征地拆迁、合同审批、设计变更审批等更加严谨、行为更加规范，很好地达成了规范建设管理、提高投资效益的目标。针对审计机构提出的建议，管理处进行了有效整改，促进了项目的建设管理。审计发现问题并提出建议的方式，提升了工程技术管理人员多角度审视问题的能力；对审计问题的及时整改，使得后续同类业务中不再出现同样问题，为项目竣工决算审计做好充分准备。

图9-12　全过程跟踪审计报告

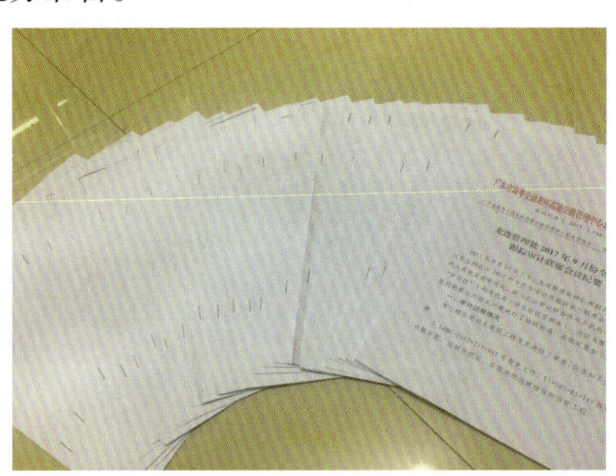

图9-13　全过程跟踪审计联席会议纪要

经过充分准备，审计单位已审核工作涵盖招投标、合同、计量、支付、征拆、工程变更、财务等业务板块，已累计出具审计报告10份。管理处共召开27次审计联席会议，形成了27份会议纪要。

第四节　为成为“龙连人”而骄傲

情怀，是一种高尚的心境，敬业，是对事业的执着与追求。有这样一个团队，他们用激情书写着敬业奉献的情怀，他们有一个共同的名字——“龙连人”。他们有一个共同的目标——为粤北人民铺筑一条通途大道。三年来，“龙连人”精心铺筑资源节约生态环保之路，他们用敬业情怀书写了一段段感人肺腑的龙连故事，一段段先进事迹铭刻在了龙连高速公路的建设丰碑上。

龙连高速公路属典型的山区高速公路，跨越河源、韶关两市四县，桥隧比高达43%，地形地质复杂，高边坡多达211处。龙连高速公路地处漫长雨季的粤北山区，建设规模、协调难度和安全风险之大、技术难度和桥隧比之高在南粤公司同期开工的项目中堪称之最，而且总体工期不到两年半，比正常工期短一年以上，不少同行在项目开始前都对龙连高速公路能否按期通车持有保留态度。同时，管理处长期缺编缺员，管理人员年纪轻，经验缺乏。

图9-14 广东省南粤交通投资建设有限公司人力资源部部长陈文（左）到管理处开展项目年度绩效考核

面对诸多困难，龙连团队展现出了一支战斗团队应有的精神状态。他们精干高效、激情无限，虽然平均年龄不到35岁，但是克服了工程任务重、征地拆迁难、山区雨水多、人员编制缺等困难，急现场之所急，想现场之所想，凝心聚力、锐意创新、攻坚克难，打造南粤精品工程，以对事业的责任感和对使命的担当精神，铸就出龙连高速公路建设“快、新、精、美、严”的特点，在粤北群山间硬是雕琢出一条速度龙连、品质龙连、廉洁龙连、绿色龙连的山区生态和谐之路。

一、感动南粤的工程管理团队

工程管理部是龙连建设团队最为重要的战斗团队之一，他们围绕“安全优质、规范廉洁、科学高效、生态和谐”的总体目标，坚持“创新引领，绿色融合”的理念，在管理处的领导下，推行现代工程管理，以“双标管理”和“平安工地”为抓手，打造龙连品质工程，勇于开拓、大胆创新，连续两年获得管理处“年度先进部门”，2017年更是获得“感动南粤”先进集体的殊荣。

虽然工程管理部的成员普遍较为年轻，缺少经验，但是他们怀揣着理想和抱负，有不断学习、不断实践的钻研精神。因为项目工期短、任务重、施工复杂，他们无时无刻不在与时间赛跑，一天要当两天用，一人要顶三人使，每个人上班时都在跑着，下班时都在守着。虽然很辛苦，熬夜加班几乎没有自己的时间；虽然远在他乡，会为难以与家人团聚而感到愧疚；但从未有人发出过怨言，在他们的脸上只能看到作为工程管理团队的骄傲。

工程管理部的同志们常说，要比辛苦，最辛苦的是建设一线的工人们，而我们作为业主方的管理人员，必须在行动上成为参建各方的表率，如果我们不先行担当，不敬业奉献，那就无法将参建各方的力量凝聚起来。工程管理部正是以这样一种担当和奉献的精神，带动了全线的全力冲刺，得到了参建各方的认可，感动了整个南粤交通。

工程管理部以“先行担当，主动作为”的工作态度，“舍我其谁，以路为家”的奉献精神，不仅创新了工作的方式方法，也让高标准、严要求的质量管理成为现实，充分地挖掘和发挥出了技术人员优势，真正做到了又好又快地推进项目建设，实现了打造南粤品质工程、建设山区生态和谐之路的目标。

三年来，工程管理团队的身影遍布全线各个标段，他们牺牲了和家人的团聚时间，放弃了自己的休闲娱乐，全身心全天候地投入到工程管理工作之中，为参建各方做出了应有的表率。他们坚信，长风破浪会有时，直挂云帆济沧海，用青春和热血做出的一切努力，必将成为书写在龙连建设史上的恢宏一笔！

二、铸造大美龙连的征拆“先锋团队”

建设工作千难万难，征拆工作第一难。征地拆迁，是高速公路项目建设的第一道关口，也是最棘手的难题。龙连高速公路更是如此，127.467千米的建设里程，桥隧比高达43%，整体建设工期只有三年。要在既定工期内完成如此庞大的工程量，快速征拆至关重要！为此，广东省高速公路建设指挥部、南粤交通为龙连人下达了军令状——力争2014年12月进场施工，而这对于龙连高速公路建设大军的先头部队——龙连征拆团队来说无疑是“压力山大”。

面对压力与挑战，龙连征拆团队开始了“冲锋陷阵”。人手不够，只能加班加点。经验不足，只能摸着石头过河。在南粤公司的统筹协调下，龙连征拆团队打响了大美龙连建设工作的“第一枪”，找模板，学经验，抢时间，加班熬夜，赶图制表，紧盯流程……431个村，涉及镇、县、市、省的林业、国土、社保等部门，6500多个公章、签名……每一个公章和签名的背后，都是龙连征拆团队的付出与坚守，智慧和汗水。

龙连征拆团队提出了“拔钉子”精神，立足“服务型”业主定位，把施工单位的用地需求摆在第一位，通过“实现‘无障碍’、抓住‘牛鼻子’、创造‘新模式’”，全速推进征地拆迁。制定了“优先征拆、重点征拆”的策略，为建设大军开辟了重要战场。

“龙连速度”一时间响彻整个南粤交投。面对龙连人创造的一个又一个征拆速度的“新纪录”，有人惊奇地问“你们是怎么做到的？”答案就在一本本“加班台账”里。在登记加班情况的台账上，三角形标记代表着加班天数。在所有同事的加班记录中，征拆团队的三角形数量最多，每一位成员的月平均加班量在4天以上……这一连串的三角形，绘就了最美的龙连图腾。很多时候，龙连拆迁团队的同事，来得最早，走得最晚。无数个深夜，三楼征拆部办公室的灯孤独地亮着，仿佛是一颗璀璨的恒星，而它的光芒照亮了每一个龙连人。

就是这种奉献与牺牲，成为征拆团队的一种情怀，更成为龙连精神的核心。他们为龙连高速公路的建设开辟了战场，树立了榜样，用激昂的青春谱写了一曲无悔的赞歌。

三、敬业奉献　我们无怨无悔

“爱岗敬业，无私奉献”是龙连管理团队职业精神状态的最好诠释。“爱岗敬业，无私奉献”，意味着担当责任，意味着与家人聚少离多，意味着把美好的青春年华奉献在大山连亘的粤北大地。然而，龙连人却毫无怨言，并用他们的实际行动书写出筑路人爱岗敬业的新篇章。

管理处主任、党支部书记张利同志，就是龙连管理队伍中彰显这种精神的杰出代表。2016年10月，张利同志的兄长罹患胃癌。张利同志在河北老家的八十多岁老母亲打来电话，希望他能抽空回家探望陪伴。当时，工程建设中的劳动竞赛正热火朝天地进行中，主要负责人的离岗，将会对劳动竞赛乃至整个工程建设工期产生极其重要的影响。念及此处，张利同志选择了驻守工地，只能在电话中含泪问候病重的大哥，安慰年迈的母亲。张利同志的选择，就是新时代交通人敬业情怀的最好诠释——全身心投入到壮阔的高速公路建设事业之中。

“强将手下无弱兵”，统筹全局的张利同志如此，奔波工地现场的工程管理带头人和龙连队伍中的普通办事员，亦是如此。他们“爱岗敬业，无私奉献”，一心扑在工程建设的高质高效上，砥砺坚持，默默奉献，只为构筑起粤北山区人民通往幸福的高速之路。

工程管理部的带头人李庆同志，可以说就是这种筑路精神的典型代表。李庆同志于2014年3月开始在南粤交通龙连高速公路项目工作，三年来，为了优质高效地完成任务，李庆同志没有休过一次年假，他还经常加班到深夜，即便到了周末也不能确保与家人团聚的时间。“5+2”“白+黑”成了他的工作常态，即便孩子生病，妻子怀孕需要照顾，也鲜少回家。2016年3月，李庆同志手臂严重受伤，左肩锁骨骨折，他不顾医生和家人的劝阻，带着钢钉，绑着绷带，仍然坚持带伤上岗，处理最后几处电力线路迁改，加班审核机电工程施工图纸，为机电工程按期施工争取了黄金工期。

在如此艰辛卓著的付出背后，是李庆同志取得的一个又一个优秀的工程成绩。2015年3月，龙连高速公路刚刚进入施工阶段，为了有效解决施工期和营运期的用电问题，李庆同志克服手续烦琐、工期紧张、现场条件差等困难，仅仅用时3个月，就实现了全线40千米的“永临结合”供电线路，这在广东高速公路建设中十分罕见。建成投运后，全线共设T接线路10余处，为今后TJ9–TJ13标的“大干快上”提供充足支援，并节省项目整体造价约1000万元。2015年6月起，管理处创造性地开启电力迁改施工设计总承包模式，李庆同志面临着全省无先例、手续无参考、供电部门不熟悉等难题，摸着石头过河，从勘查现场到报建审批直至停电接火，在仅配有1名技术人员，用时不到1年的时间内，就快速有效地完成了全线127.46千米共约400处的电力迁改工作，为2017年底通车目标打下坚实基础，并节省概算近2500万元。

李庆同志以一个党员的昂扬斗志，攻坚克难，用实际行动印证着对路桥事业的热爱。他敢于创新、勇于实践的进取精神，充分彰显了一个工程建设者的党员先锋模范作用。他用实际行动诠释了新时代交通人的“工匠精神”和筑路人的责任与担当。

征地拆迁部的刘家伟同志，也是这种奉献精神的代表人物，在他身上，集中折射了龙连团队一线员工的敬业精神。

征地拆迁工作是一项烦琐、费神且没有任何操作规范的工作。但刘家伟同志从不为此抱怨，每当部门需要加班时，他总是第一个站出来；每当遇到难题时，他总是想方设法地解决；每当工作任务重时，他又是默默无闻地工作，以自己的实际行动来带动大家。他总说，干一行爱一行才能胜任一行。

2015年5月正是多雨季节，粤北地区经常一会儿大雨如注，一会儿骄阳似火。为了按时完成房屋等构建物的丈量工作，刘家伟同志的衣服湿了又干，干了又湿。在清点坟墓时，他还要经常跑到草比人高、没有路的山上。然而，就是在这样艰辛的工作环境当中，刘家伟同志经过三个多月的连续加班，终于把东源县红线内110栋房屋、2500多座坟墓以及其他的一些构建筑物基本清点完成，成为三个县中最快的一个。万事开头难，控制工程蛇背大桥用地是东源县的第一块地，而控制工程蛇背大桥能否按时开工关系到控制工程能否在规定工期内完工。刘家伟同志经过多次跟市、县、镇等相关领导沟通协调，并采取各种办法，甚至每天跑到相关领导办公室去沟通协调交地，终于在规定时间内把地交给施工单位施工。

正是因为拥有许许多多像张利、李庆、刘家伟这样敬业爱岗的同志，龙连高速公路才会在粤北山区腾起巨龙的身姿。龙连高速公路卓越的工程数据成绩，广泛而深刻的工程效应，离不开长期以来龙连团队“5+2”“白+黑”的工作常态。他们以与家人聚少离多，与爱人异地守望，错过孩子的成长，不能守在老人的身旁，换来建设中数不清的先进事迹与感人故事。每一个夜里，管理处办公楼加班的灯光，成为龙连高速公路一道亮丽的风景。这支年轻的团队以不屈的意志和舍我其谁的担当精神，凝心聚力、以路为家、勇于创新，舍小我成大我，成功克服了征地拆迁难、地质条件差、山区雨水多、人员编制缺等诸多困难，在粤北山区以秀美高速公路建设新模式精心铺筑出一条秀美壮丽、资源节约的生态环保之路。

第五节　媒体聚焦　花香引蝶来

龙怀高速公路河源段动工

《河源台》熊　鑫　林　毅　报道

2014年12月31日

今天上午，我市干部群众热切期盼的龙怀高速公路河源段破土动工，市委书记何忠友，省交通运输厅副厅长贾绍明等出席了开工建设动员大会。

画面音（中共河源市委书记　何忠友）：我宣布广东省龙川至怀集高速公路河源段开工！

图9-15　龙怀高速公路河源段动工

龙怀高速公路是国家高速公路网中第17横——汕头至昆明高速公路的重要一段，也是我省九纵五横两环高速公路网规划中一横的重要组成部分。龙怀高速公路全长365.39千米，总投资约402亿元，全程双向四车道，设计时速100千米，预计2017年、2018年分段建成通车。作为龙怀项目的第一段——龙怀高速公路河源段，全长127.467千米，项目起于龙川县城东，经龙川县老隆镇、佗城镇、义都镇，东源县上莞镇、船塘镇，漳溪畲族自治乡，连平县三角镇、油溪镇、高莞镇、元善镇、连平县城、陂头镇，终于韶关市翁源县龙仙镇，预计2017年底建成通车。近年来，我市抢发机遇，掀起了一场以高速公路为重点的交通基础建设大会战。龙怀高速公路河源段的开工建设，标志着我市在贯彻省振兴粤东西北发展战略中，迈出了坚实的一步。该项目也为欠发达地区和珠三角地区之间提供了一条光明通道。副市长章权表示，河源作为项目所在地，各级党委政府将进一步强化服务意识，密切积极配合，主动帮助解决工程建设中出现的困难和问题，努力为工程建设创造一流的施工环境，确保项目建设在河源段进展顺利，市委常委秘书长黎意勇，省南粤公司总经理职雨风等参加了开工建设的动员大会。

龙怀高速公路粗石山隧道贯通

《河源台》江国强　邱权亮（实习）　报道

2017年3月2日

经过高速公路建设者的日夜奋战，昨天上午，龙怀高速公路龙川至连平段粗石山隧道实现全速贯通。

图9-16　龙怀高速公路粗石山隧道贯通

（实习记者　邱权亮）在我身后，大家看到的是龙怀高速公路龙川至连平段粗石山隧道的施工现场，经过施工人员连续19个月的紧张施工，今天顺利贯通，这也是继龙连金花隧道之后，第二条特长隧道的贯通。

据了解，龙连高速公路全长127.467千米，共设桥梁153座，隧道5座，其中，粗石山特长隧道单洞4.2千米，最大埋深559米，四五级占全隧比例约60%，隧道穿越12条构造破碎带，施工难度大。

（管理处副主任　黄锡辉）施工过程中克服了进口近距离下穿省道，突泥涌水半年多时间，出口地形限制等不利条件，仅用时19个月，实现了全隧安全、顺利贯通，为全线年底建成通车奠定坚实基础。

龙川至怀集高速公路是国家公路网规划汕头至昆明高速公路的重要组成部分，为粤北地区提供了一条东西向快速便捷的交通要道。

南粤交通筑起粤东西北振兴之路

《南方日报》袁佩如　南粤交宣　文/图

2017年3月23日

一、开栏的话

加强粤东西北连通珠三角的交通基础设施建设，是促进区域协调发展、振兴粤东西北地区的第一抓手。南粤交通作为我省在建规模最大的高速公路建设管理主体，为我省区域经济的均衡发展铺路搭桥，为粤东西北地区振兴发展做出积极贡献。为系统梳理我省政府还贷高速公路建设管理的经验，展现我省"交通大会战"的成果，自今日起定期推出"南粤交通　大道为公"系列专题。敬请垂注。

"总体上看，广东已经过了让一部分地区、一部分人先富起来的阶段，到了先富帮后富，最终实现共同富裕的阶段。这就要求我们必须始终注重协调发展，切实解决发展中不协调不平衡的问题。"在刚刚结束的全国"两会"上，广东代表团在回答媒体提问时，再次强调促进区域协调发展的重要性。

加强粤东西北连通珠三角的交通基础设施建设，是促进区域协调发展、振兴粤东西北地区的第一抓手。南粤交通作为我省在建规模最大的高速公路建设管理主体，所辖项目近九成落地粤东西北地区，"十三五"期间将完成投资约2000亿元，为我省区域经济的均衡发展铺路搭桥，为粤东西北地区振兴发展做出积极贡献。

南粤交通，大道为公。南粤交通董事长、党委书记职雨风表示："南粤交通发展的第一要务就是服务于省委、省政府经济社会发展战略部署的大局，通过打好高速公路建设攻坚战促进区域经济的发展，这是我们当前的中心任务，也是历史赋予我们的重要使命。"

二、在建规模最大的高速公路建设管理主体

交通运输是连通供给侧和需求侧的大动脉，继续加快推进以高速公路为重点的交通基础设施建设，具有扩大有效投资、增加有效供给和扩大有效需求、激活最终消费的"双重功能"，是推动结构性改革、加快补齐软硬基础设施短板、促进区域协调发展的重要举措。

南粤交通自2012年成立以来，按期新开工建设了广东省龙川至怀集公路等12个共1591千米高速公路项目。"目前，南粤交通所辖项目总里程约1980千米，其中粤东西北地区项目约1768千米，占所辖项目总里程的89%。"职雨风介绍，南粤交通已经成为我省

交通大会战、促进区域协调发展的主力军。

据悉，“十三五”期间，我省计划建成约4000千米高速公路，南粤交通承担了其中约1700千米高速公路建设任务，占全省任务的42%。其中，2017年，南粤交通辖下的广中江二期、揭惠、潮漳、仁新一期、龙连、云湛一期等6个（8段）项目将建成通车，通车里程共约550千米，占全省当年通车任务的87%；2018年，珠海连接线二期、仁新二期、新博、连英、英怀、云湛二期等（7段）项目将建成通车，通车里程共约553千米，占全省2018年通车任务的68%；2019年至2020年间还将陆续建成通车约580千米高速公路项目。

“作为我省同时开展现场建设里程及投资规模最大的单一建设主体，一个公司连续3年通车里程超550千米，这在全省乃至全国交通历史上都是罕见的。”有关交通专家介绍。

“十三五”时期是我省高速公路建设形成规模效益的关键阶段，在广东实施的“稳增长、调结构、促改革、惠民生”战略中，南粤交通积极发挥交通基础设施建设的带动作用，2016年省下达给南粤交通任务329.1亿元，截至2016年12月31日，省南粤交通公司2016年全年完成投资350.89亿元，完成年度投资任务的106.6%，占全省高速公路当年完成投资的41%，超额完成省下达的年度投资任务，为全省稳增长的目标作出了贡献。“十三五”期间，按照国家和省稳增长、促投资的系列要求，南粤交通将确保完成各年合计约2000亿元的投资任务。

高速公路建设持续在粤东西北地区发力，也将在今年迎来质的转变。据广东省交通运输厅介绍，今年，粤东西北地区的高速公路通车里程将超越珠三角地区，实现珠三角核心区通往粤东有3条高速公路通道、通往粤西有6条高速公路通道（含通云浮）、通往粤北有9条高速公路通道。

三、“省市共建”解粤东西北出资压力

加快高速公路建设推动区域协调发展，重点在粤东西北地区，难点也在粤东西北地区。粤东西北地区加快高速公路建设面临着投资规模大、资金回收周期较长、项目涉及面广、地方财力较弱等问题。

“在推动广东区域经济协调发展过程中，南粤交通积极履行国有企业的社会责任，勇于担当，努力缓解地方出资压力，以早日改善地方群众安全便捷出行条件，早日使发展成果惠及更多人民群众为己任。”职雨风说。

目前，我省政府还贷高速公路建设资本金全部由中央、省及市三级财政资金构成。2013年，我省开展“交通大会战”以来，为调动地方加快高速公路建设的积极性，新确定的政府还贷项目实行“省市共建”模式，即在扣除中央车购税补助后，项目建设资本金全部按7:3的比例由省、市两级政府共同承担。

“作为省级投资主体代表，南粤交通积极践行‘省市共建’的各项要求，创建‘路

地和谐’的良好氛围，始终与地方政府密切地沟通合作。”南粤交通相关负责人介绍。同时，进一步用好中央专项建设基金也是南粤交通运用政策积极作为的重要渠道。一方面，南粤交通筛选出一批建设条件相对成熟的项目申报中央专项债券，如河惠莞项目在去年再次获得拨付中央专项建设基金。另一方面，为缓解地方资本出资压力，南粤交通还全力协助各有关市积极申请中央专项建设基金，据介绍，截至2017年3月，各地市共获得中央专项建设基金共22.93亿元。

在保持既有筹融资渠道稳定的同时，结合交通建设投融资的职能，南粤交通还积极探索创新融资渠道。在管好资金的基础上，南粤交通发挥好资产规模等优势，利用筹融资平台的作用，把财政资金放大。同时，研究探索BOT、PPP等模式，使多元资金注入，保障公路建设在保质量、保效益的前提下不减速、不减势、不减量，很大限度缓解了粤东西北地区高速公路建设的资金压力。

四、项目推动沿线与珠三角一体化

与珠三角地区相比，粤东西北地区交通量小，投资回报率低，且因粤东西北部分山区建设条件差，技术难度大，工程造价及建设成本高昂，导致项目财务效益较差。南粤交通全面响应省的工作部署，敢于担当起改善粤东西北交通运输条件的重任，高效、规范推进粤东西北高速公路建设，“遇水架桥、逢山开洞”，让沿线人民群众切身感受到交通行业正能量，取得了良好的社会反响。2013年至2016年，公司新开工建设了粤东西北项目12个共1591千米，约占粤东西北在建高速公路总里程的60%。上述项目的建设，将对粤东西北地区构建综合运输体系、国民经济发展、社会进步起到极大的促进作用。

已经通车的韶赣高速公路作为华东车辆进入粤北和珠三角的快速干线，极大地推动了“泛珠三角”区域合作，进一步提升了韶关作为广东北大门的交通优势，为珠三角与韶关一体化注入了源源不绝的新动力。

2016年底新开工的大丰华高速公路丰顺至五华段项目，地处粤东山区，地形险要，该项目建成通车后，将结束丰顺北部山区无高速公路的历史，极大方便人民出行。它将汕梅高速公路、兴汕高速公路等连接起来，为大埔县、丰顺县、五华县与兴宁之间的连接再添一条“主动脉”。同时，该项目的开通极大地改善了大埔、丰顺、五华和福建等地进入珠三角的交通条件，使梅州交通更完善，尽快融入珠三角发达地区，对发展当地经济和沿线旅游产业也将注入新的动力，对推动广东梅兴华丰产业集聚带建设具有重要作用。

粤西逢节必“堵”的状况，也有望在今年得到缓解。根据目前完成情况，汕湛高速公路湛江段、茂名段、部分阳春段及支线工程可基本确保年底建成通车。汕（头）湛（江）高速公路云浮至湛江段及支线工程位于云浮、阳江、茂名和湛江四市之间，全长315.94千米，总投资330.57亿元。汕湛高速公路通车段西起廉江，东至阳春，与现有的沈海高速公路平行，有阳阳高速公路、包茂高速公路、博贺疏港支线和兰海高速公路联络线相接。通车后，两条路线可根据路况实时有效进行引导分流，很大限度缓解沈海高速公路交通拥堵问题。

南粤交通践行“创新、协调、绿色、开放、共享”的发展理念，落实智慧交通、绿色交通、平安交通建设；以人为本，进一步提升营运管理水平，提高公共服务效率和能力，形成了政府还贷高速公路的“红棉”品牌在粤东西北地区的影响力，项目服务水平和能力大幅提升，通行费收入逐年增长，在国检、省检，以及其他一系列国家和省的评比中取得良好的成绩。

五、对话

（南粤交通董事长、党委书记）职雨风：争当广东交通基础设施建设“排头兵”！

问：南粤交通的定位和未来规划是什么？

职雨风：按照省赋予的工作职责和历史使命，在省交通运输厅、财政厅的领导下，南粤交通不遗余力地推动全省交通运输事业发展。目前，南粤交通正高效、规范地推进我省政府还贷高速公路投资、建设、经营工作，积极为我省交通运输事业发展筹集资金，是承担我省高速公路网、高等级快速通道投资建设与运营的主力军，也是我省筹集交通运输发展资金的主渠道。

下一阶段，南粤交通将根据我省交通建设和发展需要，全力打造、扩充企业投融资功能和能力，积极承担高速公路及其他交通基础设施投融资、建设及经营管理任务。同时，积极推动相关产业发展，培育壮大公司规模，提升资产及经营质量，努力将公司打造成为广东交通基础设施建设“排头兵”，实现国有资产保值增值。

问：今年省南粤公司计划通车项目约550千米，这在全省乃至全国都是罕见的，面临哪些难题？如何克服？

职雨风：2017年是南粤交通成立以来，第一次集中大规模通车之年，要同时承担不同阶段的“多层次联合作战”任务，本身面临一系列繁杂艰巨的基建业务管理、日常信息沟通、各方关系协调等事务；而550千米项目通车任务又是年度工作任务的重中之重，也是各级领导和各界群众广泛关注的焦点，期望度高，对南粤交通的日常管理工作提出了更高的要求。

南粤交通迎难而上，从多个层面做出了不懈努力：

一是依托省高速公路建设总指挥部层面的协调、督导、考核平台，集中精力解决剩余征地拆迁“硬骨头”个案问题，加快为参建各方创造“无障碍”“无断点”的外部施工环境。

二是依托省市协作机制，充分发挥“省市共建”的合作模式，通过加强沟通协作，与地方投资主体紧密配合，有效推进各项工作，积极营造“路地和谐”的良好氛围。

三是继续强化公司成立以来形成的一套高效快速运作的工作管理机制，确保公司决策程序畅通、工作规范高效，各项基建管理业务规范快速推进。

四是整合各项目专业技术力量，组织公司层面组建的结构、岩土、路面、机电等专业团队，及时参与项目工程技术方案评审和现场检查，服务施工一线，全力保障各通车项目软基、大桥、隧道、路面、高边坡等工程质量稳定可控。

问：在修建高速公路中，南粤公司如何让高速公路建设效益最大化？

职雨风：南粤公司作为省政府批准设立的国有独资企业，有责任和义务建设好项目、花好每一分钱，确保政府投入的每一分钱的产出效益最大化。

南粤交通始终坚持高速建设融合地方城乡规划体系，带动区域经济社会发展。南粤交通高速公路选线结合路网功能、地方城乡规划布设，通过合理设置路线和互通立交串联人口密集区、产业集聚区、规划新区，充分发挥高速公路路网效益，切实增强中心城区辐射带动功能，培育了城乡发展新的经济增长点，促进了区域经济协调发展，对粤东西北地区丰富的旅游资源、农林资源开发发挥了巨大促进作用。

同时，南粤交通通过构筑粤北地区东西、南北向“两纵两横”公路主骨架，为粤北地区承接产业转移、推进适度工业化、加快城镇化和农业产业化进程奠定基础，大幅度拓展珠三角发展的经济腹地。

六、南粤交通建设目标

2017年：计划通车项目6个（8段）/550千米：广中江二期、揭惠、潮漳、仁新一期、龙连、云湛一期等项目。

“十三五”期间：将完成约2000亿元的投资任务。新开工建设大丰华高速公路等7个高速公路项目，里程合计约146.4千米。建成通车汕昆、武深等11个高速公路项目，里程合计约1736千米。预计至“十三五”期末，共新增出省道路3条。其中，新增武深、宁莞、河惠莞等粤湘、粤闽、粤赣出省通道，珠海连接线与港珠澳大桥主体工程同步通车直通港澳；新增云湛、清云等粤西连通珠三角核心区的大通道2条；新增汕昆等粤北地区东西向连通广西福建两省的大通道1条。

七、进展

截至2017年3月15日，龙连高速公路累计完成实体工程产值56.2亿元，占项目总产值的95%。其中，3月1日，粗石山隧道已实现全隧贯通。龙连高速公路开工累计完成挖方99.7%，累计完成涵洞（含圆管涵、盖板涵、通道涵）341座，占项目总量的99%，全段隧道已全部完成开挖，路面及交通工程也在全力推进。龙连高速公路计划于今年内通车。

龙怀高速公路龙连段今年底通车（大埠河大桥）

《广东新闻》

2017年4月18日

龙连高速公路今日迎来重大工程节点，其关键控制性工程大埠河大桥实现双头合龙，为年底通车打下坚实基础。

图9-17　龙连高速公路施工采访

龙怀高速公路龙川至连平段，全长127.467千米，经河源龙川县、连平县，终于韶关翁源县龙仙镇。此次实现合龙的大埠河大桥是龙连高速公路最大跨径的桥梁，也是全线关键控制性工程，截至2017年4月，全线8大控制性工程已完成6个，桥梁工程完成96%，隧道工程完成99%，将在2017年底实现通车。

（张利，管理处主任）：6月底我们的土建工程基本完成，路面争取在10月底前完成，交安、机电、绿化争取在12月初整个收尾。

龙连高速公路通车后，将结束龙川至连平没有高速公路的历史，对河源区域的经济的发展起到促进作用。

（唐浩，管理处工程管理部经理）：以前从龙川到连平要两个半小时以上（车程），通车以后，从龙川到连平的时间可以缩短到一个小时以内，比以前缩短了一半。

粤北今年底将添一条东西向高速大通道

《广东新闻联播》记者　吴柳倩　周　鹏　杨　鹰　孙韦柏

2017年6月10日

记者近日获悉，广东省龙川至怀集高速公路龙川至连平段将在今年底通车，在通车之后，粤北地区将新增一条东西向的交通大动脉，结束龙川至连平没有直通高速公路的历史。

图9-18 粤北今年底将添一条东西向高速大通道

龙怀高速公路龙川至连平段，全长127.467千米，经河源市龙川县、连平县，终于韶关市翁源县龙仙镇，记者日前在龙连高速公路看到，龙连高速公路路基工程基本完工，部分路面已经安装护栏，收费站也完成了基建部分。

（张利，管理处主任）：土建工程到现在已经完成99%，基本是收尾阶段，路面工程争取在11月中上旬完成，其他的交安、机电，争取在12月初全部完成。

据统计，从开工至今，龙连高速公路累计投资88亿元，完成预估总投资的78.3%，目前，粤北地区主要是几条通往江西、福建以及湖南的出省高速通道，今年底，龙连高速公路通车后，粤北地区特别是河源各县区之间的出行将更为便捷。

（唐浩，管理处工程管理部经理）：从河源的连平到龙川以前要三个半小时，到现在一个半小时就能达到。

广东：龙怀高速公路龙连段今年底通车（金花隧道）

《广东新闻·正点报道》记者 吴柳倩

2017年10月14日

广东龙怀高速公路龙川至连平段的重点控制性工程金花隧道，昨天顺利实现贯通，龙连高速公路有望在年底通车运营。

龙怀高速公路龙川到连平段，全长127.467千米，全线采用双向四车道设计标准，铺设桥梁153座，隧道5座，其中，特大桥和特长隧道两座。金花隧道是龙连高速公路的重点控制性工程，左右线各长4730多米，由于隧道地质情况复杂，软塌和坚硬的岩层频繁变化出现，还有大量的涌水，施工单位只能不断变化施工工法，最终历经21个月，顺利穿越了四处破碎带，沿线村庄和省道九连山隧道等。

图9-19 龙连高速公路金花隧道贯通

（罗发胜，龙怀高速公路土建10标项目经理）：开挖工法要转成全断面，整个一起开挖，又要把它转成上下层台阶，分台阶开挖，就这么一个隧道，我们现场总共开了接近200次的变更会。

龙连高速公路于2015年9月全面开工，截至2016年12月31日，已完成投资额70.27亿元。路基工程完成99%，桥梁工程立柱完成96%，预制梁完成80%，隧道开挖完成95%，路基交验主线完成60%。预计2017年底实现通车。

（张利，管理处主任）：这条线的贯通对整个河源，特别是连平、东源、龙川东西走向的交通，起到了非常大的作用。比如现在从连平到河源可能要一个半小时到两个小时，龙连高速公路开通后，不到一个小时就可以。

建龙连生态之路，赏粤北别样风光

——广东南粤交通龙怀高速公路龙川至连平段建设纪实

特约记者 张永超 通讯员 黄锡辉 文/图

5月的粤北，春暖花开，万物吐绿，到处一片生机盎然。

在这里，成千上万的筑路大军蜂拥云集，在青山绿水间逢山凿洞、遇水架桥。工人们展开艰苦的鏖战，将战线拉成一条蜿蜒的长龙，这就是正在建设中的广东省里程最长的高速公路——龙川至怀集高速公路龙川至连平段如火如荼的施工现场。

一、龙连人的精神：精干高效激情无限

2013年1月9日，广东省南粤交通投资建设有限公司正式挂牌成立，这标志着广东省交通基础设施建设多了一个重要的融资和建设主体。龙怀高速公路正是该公司成立以来，在广东省政府提出的“十三五”期间力争建成约4000千米高速公路、全省高速公路

总里程力争达到11000千米、实现“县县通高速”的目标下，在粤北投资修建的又一条交通要道。龙川至连平段长127.467千米，其中河源市境里程119.7千米，韶关市境里程7.8千米。管理处就设在连平县，在这里，这支只有68人的精干管理团队，承担了全部的项目管理任务，他们有一个共同的名字——“龙连人”。

5版 2016年6月7日 星期二 高速公路 中国交通报 CHINA TRANSPORT NEWS

建龙连生态之路 赏粤北别样风光
——广东南粤交通龙怀高速龙川至连平段建设纪实

龙连人的精神

精干高效激情无限

龙连人的目标

打造优质样板工程

龙连人的愿景

建设山区生态和谐路

图9–20　广东南粤交通龙怀高速公路龙川至连平段建设纪实

地处粤北的龙怀高速公路是国家高速公路网规划“7918”布局方案中第17横——广东汕头至云南昆明高速公路的重要路段。项目对于完善国家高速公路网络、打通省际“断头路”具有重大意义。龙怀高速公路龙川至连平段起点与梅河高速公路程江至蓝口段相接，经河源市龙川县、连平县，终点位于韶关市翁源县龙仙镇，接龙怀高速公路连平至英德段。项目全线采用双向四车道标准设计，共设桥梁105座、隧道5座，桥隧总长45002.85米。此外，全线还有高边坡211处，挖方2674万立方米，填方2489万立方米，互通式立交13处，服务区3处，停车区1处，养护工区2处，管理分中心1处，收费站9处，管理跨度和施工难度不难想象。

年轻无极限。这支平均年龄只有35岁的管理团队，自2014年底项目开始建设以来，“龙连人”管理团队克服了工程任务重、征地拆迁难、山区雨水多、人员编制缺乏等诸多困难，急现场之所急，想现场之所想，凝心聚力、锐意创新、攻坚克难，完成全年投资计划的111%，龙怀项目龙连段工程建设首战告捷。1年多以来，他们目标一致、同心同德，以务实精干的作风，紧紧围绕“安全优质，规范廉洁，科学高效，生态和谐”的建设目标，艰辛耕耘、奋力拼搏。以“零事故班组”创建为契机，实现了年度安全生产零责任事故；以“平安和谐”为目标，实现了年度综治维稳平稳可控；以塑造“优秀文化”为导向，实现了年度企业文化向纵深推进；以“双精双廉”为廉政目标，实现了年度无违法违纪现象发生。2015年，管理处综合绩效考核被上级单位评为“优秀”，出人意料的是，如此骄傲的成绩竟然是在年度人员编制数缺编46%的情况下完成的。2015年10月16日，经国务院批准，龙怀高速公路（河源段）获得工程建设用地共计853.94公顷。7月报批，10月无需任何补件地获国务院、国土资源部审批通过。用不足1年的时间基本完成全线约1.3万亩地征拆任务……如此神速的背后是全体“龙连人”工作中“5+2”“白加黑”的艰辛付出。合法用地的批复、征拆难题的快速解决，无疑是为龙连高速公路2017年底建成通车奠定了坚实的基础。所有“龙连人”以时不我待的工作激情再次上路……

二、龙连人的目标：打造优质样板工程

一生能修几条路，多创精品留人间。项目建设一开始，“龙连人”就将建设优质样板工程作为他们的工作目标。

“我们把项目建设目标定在了起点高、实现难的优质样板工程上，既是一种追求，也是一场挑战，更是一种态度。”中国交通新闻网记者在现场了解到，这几乎是全体“龙连人”的共同声音。

记者查阅资料发现，在全线土建16个中标单位中，几乎均来自中国中铁、中国铁建、中国交建这3个国字号建设军团旗下的优秀施工企业，难怪项目起点很高。

理想很丰满，现实很骨感。龙川至连平段的施工重难点对每一个“龙连人”来说都“压力山大”。一是地质条件复杂，路线经过地段地质灾害频发，滑坡、崩塌、软基等不良地质分布广泛，存在岩溶、塌陷、暗河等地质现象。二是隧道长，金花隧道长4738.5米，粗石山隧道长4196米，均为特长隧道。三是桥梁跨度大，东江大桥主跨100米，蛇背大桥主跨120米，大埠河大桥主跨150米，均为大跨度连续刚构桥。四是线路多次与公路、铁路、河流相交，沿线先后与梅河、粤赣、大广、武深4条高速公路、2条国道、4条省道相交，并下穿京九铁路，安全风险极大；沿线还先后横跨东江及北江水系的8条河流，以及13处互通立交。五是工期紧、任务重，项目计划在2017年底通车，真正的建设周期也就只有不到3年时间。

面对全线如此多的重难点，“龙连人”选择的是直面挑战。一是在保证工期方面，他们按照工程建设难易程度，采取分段设计、分期招标、分别进场的方式，极大地减轻

了集中开工带来的管理压力，同时也避免让控制性工程最后成为“卡脖子”工程。项目还抓住南方旱季的黄金时间，开启“速度与激情”模式，在全线开展了以“五赛五比”为主要内容的大干120天劳动竞赛活动。日常管理以周报制度为手段，随时掌控标段工程进展，对于滞后标段则以警示约谈形式加以推动。二是在质量管理和过程控制方面，“龙连人”高度重视实施性施工组织方案的编制，他们要求每个单项工程实施性施组必须经过项目—上级公司—监理—业主组织的专家评审4道流程，并在过程中严格监督刚性执行，避免了以往实施性施组走形式、走过场的问题。此外，他们还大力推广行业的新工艺新工法，采取“走出去，请进来”的方式先后5次组织标段技术负责人到重庆、安徽、山西、贵州等地实地观摩调研，开阔眼界，提升质量意识和专业水平。

在创建优质样板工程的进程中，建设单位的要求在施工单位中不折不扣得到落实才是硬道理。为此，管理处首先以关键工序检查为契机，促进全过程控制。开工至今，共下发指令344份，开具罚单和发出通报127份，已全部责令施工单位整改闭合完成。其次，龙连管理处以高素质队伍基础，促进工程质量可控。先后对各施工单位、监理单位、检测单位和管理处工程部各标段长等主要技术人员进行专业技术考核，对考试不合格的人员进行了清退，先后有6名相关人员由于不能满足业务需要而被清退。此外，龙连管理处还在全线的实验室和拌和站安装了全程监控系统，用信息化手段加强关键环节的质量管理。正是有了这一系列的举措和制度，才使得龙连段全线工程质量总体处于可控状态。项目开工建设以来，路基先后抽检53870个点，桥涵先后抽检211164个点，隧道先后抽检75055个点，排水、支挡工程先后抽检18987个点，其中涉及结构尺寸、混凝土强度、钢筋数量等关键性指标合格率均为100%，其余质量指标均满足管理处下发的质量控制管理规定要求。

在全线控制性工程粗石山隧道进口现场，记者了解到，由于隧道进口段要下穿341省道填土区、构造破碎带、岩爆等不良地质区域，隧道自2015年5月进洞以来，淤泥和涌水一直不断。为此，承担该隧道施工的中铁隧道集团按照设计要求，在破碎带前及破碎带施工过程中，加强监控量测及超前地质预报，根据具体围岩情况，进行支护参数优化工作，优先采用超前小导管或双层小导管超前支护，必要时进行超前预注浆加固围岩；优先采用了便于工法转换的台阶法、三台阶法短进尺开挖，初期支护及时施作并封闭成环；必要时采用径向注浆加固围岩。该项目经理韩永友告诉记者，尽管隧道进洞近1年，由于地质原因施工进度一直不理想，但为了保证工程质量和安全，公司没有一味地追求进度和效益，而是采取“稳扎稳打，步步为营”的战略，使工程无论是初期支护还是永久性二衬，都做到了内实外美。

三、龙连人的愿景：建设山区生态和谐路

龙怀高速公路龙川至连平段沿线资源丰富，风光旖旎，具有一流的森林、一流的

水质和一流的空气。途经的连平县更是被评为“广东省生态县”“全国生态建设示范区”，是广东省北部的重要生态屏障，被称为“广东的香格里拉”。近年来，连平县委、县政府着力打造“魅力连平诗意客家”的九连山旅游品牌，真正把绿水青山变成“金山银山”，将丰富的自然资源变成绿色财富，实现“绿富共赢”。在这样的青山绿水间新建高速公路，对建设单位来说无疑又是一道严苛的命题。

“龙川至连平段必须按照打造山区生态和谐路的标准进行施工和管理！”南粤交通董事长职雨风在一次劳动竞赛动员大会上掷地有声地对项目提出了要求。

“龙连人”在项目建设之初就制定了打造山区生态和谐路的美好愿景，他们每一项工作的推进都可谓用心良苦，有些举措在行业内具有引领和推广作用。让我们晒晒他们开工1年多来的成绩单，为这样一支有责任、敢担当的管理团队点赞。

成绩一：从设计源头开始，项目的路线选择坚持最大化环保、最小化占用，能打隧道和架桥的绝不选路基，全线桥隧占路线长度的比例高达43%。

成绩二：全线20个预制梁场全部设置在主线路基上，梁场基础一次性到位，避免二次破除和投入，最大限度减少红线外征地，仅此一项节约征地353亩，既节省成本又降低对环境的影响。

成绩三：所有路基边坡施工做到开挖一级、支护一级、绿化一级，同时优化边坡设计，做好绿植搭配，绿化与工程进展同步推进。

成绩四：隧道进洞施工均采用“零开挖+明洞”方式，尽力避免施工造成的植被破坏。

成绩五：隧道洞渣得到充分利用，实现变废为宝，除了用于标段本身的碎石加工外，其余洞渣加工成碎石后限价统一调配至相邻标段使用，减少施工成本和对周围环境的破坏。

成绩六：施工用电永临结合，避免资源浪费，尝试在金花隧道采用“高压专线+沿线T接”的结合方式，并先期介入统筹各土建标用电计划，做到一线架通，全线共享的效果。

爱因斯坦说，对一个人来说，所期望的不是别的，而仅仅是他能全力以赴和献身于一种美好事业。如今，在交通运输部全面推行高速公路“五化”管理的大背景下，全体“龙连人”以广东省高速公路建设“双标”管理为抓手，以“五赛五比”劳动竞赛为载体，正以“踏石有印，抓铁留痕”的扎实作风全力开展“两学一做”学习教育活动，正以创造“优美作品”奋力推进工程建设。在127.467千米的建设线路上，到处士气高涨，机声隆隆，一场此起彼伏的夏季施工大会战，成为粤北山区的一道亮丽风景。

天降大任、乘势而上，攻坚克难、以适千里。作为广东省交通建设主力军之一的南粤交通，负责的高速公路项目突破2028千米，其中在建项目1600千米、营运项目233千米、筹建项目195千米，是广东省在建里程规模最大的高速公路建设主体。2015年，南粤交通负责的筹建项目实现了“四个同年”（即同年启动、同年报批、同年立项、同年开工），刷新了广东省高速公路建设的纪录；负责的在建项目实现了“四抓四确保”（即抓关键点确保建设进度、抓用地报批确保合法合规、抓征地拆迁确保施工用地、抓双标管理确保工程质量保持全省前列）。而承担着广东省委、省政府2017年底建成通车任务的龙连高速公路建设，虽然还有许多不可预估的困难，还有很长的路要走，但年轻有为的“龙连人”有信心和决心，努力达成广东省交通运输厅副厅长贾绍明在调研龙连高速公路时提出的 “争树建设管理标杆、争当人文建设标兵、争做省市合作标范”目标。

龙连速度　秀美工程

——龙连高速公路建设纪实

《中国交通》2016年第5期

文/黄锡辉　刘荣华　陈魏平

龙连速度　秀美工程

——广东省龙连高速公路建设纪实

文／黄锡辉　刘荣华　陈魏平

我省又一条山区东西向大通道——龙川至怀集高速公路龙川至连平段将于2017年底问世。

它似一条巨龙，从秀美山川的粤境边陲小县腾空而起，将龙川、东源、连平紧紧地连成一线。从此，粤境边陲小县不互联互通高速公路的局面将彻底改变，龙川、东源、连平3县将结束没有直通高速的历史。

它像一道彩虹，为龙川、东源、连平三县融入珠江三角洲“两小时经济圈”创造条件，将地处内陆的县推向经济发展的前沿，为沿线区域经济发展和旅游业发展奠定坚实的基础支撑。

作为我省“九纵五横两环”高速公路网规划骨架“五横”中最难的一段，它的建设，将彻底打通山区高速省级断头路的局面，对完善我省高速公路网，构筑新时期广东经济发展格局以及建设秀美广东具有重要意义。

超常运作　创造“速度”

2014年年底，承载着龙川、东源、连平三地人民的热切期盼，龙连高速公路项目正式开工建设。龙连高速属典型的山区高速公路，路线经过地质灾害频发，存在滑坡、崩塌、软基、岩溶、塌陷、暗河等不良地质现象。龙连高速公路全线有5座隧道、105座大桥，其中金花隧道长4738.5米、粗石山隧道4196米为特长隧道，东江、蛇背、大埠河等三座大桥均为主跨超百米大跨度连续钢构桥，最大的达到150米；同时线路多次与公路、铁路、河流相交，沿线先后与梅河、粤赣、大广、武深4条高速公路、2条国道、4条省道相交，并下穿京九铁路，还先后横跨东江及北江水系的8条河流，以及13处互通立交。其建设规模之大，协调难度和安全风险之大，技术难度和桥隧比之高在同期开工的项目是较为罕见的。

令人惊叹的是，在重重困难的挑战下，龙连高速公路管理处团队自开工以来，在短短20个月内克服了雨季时间跨度长（据不完全统计，具备连续晴天的时间不足3个月），有效工期短的实际困难，完成建安实体工程41亿元，全线路基填挖方完成率95%，实现了2017年底龙连项目通车工期基本可控，创造出了龙连速度。

龙连速度来自上级单位与地方政府的关心支持。省交通厅领导高度重视，多次深入项目建设一线调研指导工作；南粤公司主要领导运筹帷幄，靠前指挥，实现了前期工

广东交通 2016.10　35

图9-21　龙连高速公路建设纪实

2017年底，我省又一条山区东西向大通道——龙川至怀集高速公路龙川至连平段即将问世。

它似一条巨龙，从秀美山川的粤境边陲小县腾空而起，将龙川、东源、连平紧紧地

连成一线。从此，粤境边陲小县不互联互通高速公路的局面将彻底改变，龙川、东源、连平3县将结束没有直通高速公路的历史。

它像一道彩虹，为龙川、东源、连平三县融入珠江三角洲“两小时经济圈”创造条件，将地处内陆的县推向经济发展的前沿，为沿线区域经济发展和旅游业发展奠定坚实的基础支撑。

作为我省“九纵五横两环”高速公路网规划骨架“五横”中最难的一段，它的建设，将彻底打通汕昆高速公路省级断头路的局面，对完善我省高速公路网，构筑新时期广东经济发展格局以及建设秀美广东具有重要意义。

一、超常运作创造“速度”

2014年底，承载着龙川、东源、连平三地人民的热切期盼，龙连高速公路项目正式开工建设。龙连高速公路属典型的山区高速公路，路线经过地质灾害频发，存在滑坡、崩塌、软基、岩溶、塌陷、暗河等不良地质现象。龙连高速公路全线有5座隧道、105座大桥，其中金花隧道长4738.5米、粗石山隧道4196米为特长隧道，东江、蛇背、大埠河等三座大桥均为主跨超百米大跨度连续钢构桥，最大的达到150米；同时线路多次与公路、铁路、河流相交，沿线先后与梅河、粤赣、大广、武深4条高速公路、2条国道、4条省道相交，并下穿京九铁路，还先后横跨东江及北江水系的8条河流，以及13处互通立交。其建设规模之大，协调难度和安全风险之大，技术难度和桥隧比之高在同期开工的项目是较为罕见的。

令人惊叹的是，在重重困难的挑战下，龙连高速公路管理处团队自开工以来，在短短20个月内克服了雨季时间跨度长（据不完全统计，具备连续晴天的时间不足3个月）、有效工期短的实际困难，完成建安实体工程41亿元，全线路基填挖方完成率95%，使得2017年底龙连高速公路通车工期基本可控，创造出了龙连速度。

龙连速度来自上级单位与地方政府的关心支持。省交通厅领导高度重视，多次深入项目建设一线调研指导工作；南粤公司主要领导运筹帷幄，靠前指挥，实现了前期工作的良好开局；沿线各级政府、有关部门和群众大力支持，为工程建设营造了良好的环境。

龙连速度来自团队的顽强拼搏和率先垂范。这个平均年龄只有35岁的龙连团队，长期人员缺编；但他们精干高效、激情无限，为工程高效推进提供坚强的精神支撑。面对笔者的采访，管理处主任张利说道：“全盘统筹，凝心聚力，精心组织，是我们确保工程建设始终稳妥有序、按计划推进的法宝；自我加压，不等不靠，主动作为，将一个个困难化作坦途是我们工作的态度”。

为了创造龙连速度，龙连建设者在建设之初就确立了“安全优质、规范廉洁、科学高效、生态和谐”的建设目标，把“双标”管理作为施工控制标准和“向设备要生产力、向科技要质量、向管理要安全和生态”的项目建设总体思路。

有了清晰的目标，就有了前进的方向。为了实现这一目标，龙连管理团队通过通盘谋划、认真调研、请示论证，最后根据龙连高速公路项目的实际，科学地制定主体工程分段设计、分期招标、分别进场的方式，极大地减轻了集中开工带来的工期压力，降低了施工单位的管理成本，同时远瞻性地对施工用电采取永临结合，避免资源浪费，尝试在金花隧道采用“高压专线+沿线T接”的结合方式，并先期介入统筹各土建标用电计划，做到一线架通，全线共享的效果。此外，龙连管理处要求进场施工的单位以最快的速度制定科学的、可实施性的施工组织设计，并组织专家进行评审，确保“可操作、真实施”。目前，这一举措成为有序、快速推进项目建设的一大法宝。

为了实现这一目标，龙连管理处把征拆工作作为进场后项目建设的“首秀”。由于龙连全线涉及征收土地约1.3万亩，建筑物20.4万平方米，存在拆除房屋510栋、个案难点处理75个、应迁改管线678处、应迁移山坟1万多座的艰巨任务。他们时不我待，忘我陷阵，在南粤公司的统筹协调下，找模板，学经验，抢时间，加班熬夜，赶图制表，紧盯流程……2014年12月2日，先行用地为取得国土资源部批文，从取得初步设计批复到获批，仅用了一个月。2015年10月16日，整体用地为取得国务院批文，从上报国土资源部到获批，不足90天，如此神速使他们用了不到一年的时间就基本完成全线的征拆任务。

超前的理念，超常的举措，超常的管理，催生出了一条秀美高速公路的建设新模式。征拆“拦路虎”的快速解决，为工程高速高效推进创造了条件，也为龙连段2017年底通车奠定了坚实基础。截至9月30日，龙连高速公路完成投资约60亿元，工程进度位居南粤交投同期在建项目首位。

二、步步为营消除“短板”

龙连高速公路管理处班子团队一致认为，龙连高速公路之所以能在这么短的时间内又好又快地推进，主要得益于“领导关心、精心谋划、严格管控、砥砺奋进”，各个建设环节均做到“无缝对接”,基本上没有“短板”制约。实际上，龙连高速公路在建设过程中并不是没有出现“短板”，而是在建设者的层层盯防和运筹帷幄下，每一个“短板”出现后都被及时消除，有的在刚露出苗头时就被“扼杀”了。

工程建设工序繁杂，环环相扣，其中任何一个环节出现偏差都会影响整个项目的顺利推进。龙连建设者认为，打仗要打有准备之仗。为了确保优质、高效地建成龙连高速公路，他们科学规划，统筹安排，有序推进，步步为营，保证了项目建设始终平稳、均衡地推进。

开展劳动竞赛是业主在工程建设中经常采用的激励措施。与众不同的是，管理处改变以往的常规做法，在工程建设开始前，就围绕建设目标开展了以“五赛五比”为主要内容的大干120 天劳动竞赛活动。日常管理以周报制度为手段，随时掌控标段工程进展，对于滞后标段则以警示约谈形式加以推动，使整个建设处于严密的组织当中。通过明确任务、明确节点、明确标准，严格考核、严格奖惩、严格兑现……两次劳动竞赛均取得丰硕战果，分别完成预定目标的106%和103%。

张利主任对记者说：“龙连不要没有安全的进度，不要没有质量的工程”。广大龙连参建人员攻难关，破难题，稳扎稳打，逐个解决了路基土石方、小型构造物、桥梁、隧道、绿化等施工中的问题，全线施工始终在规范化的轨道上正常运行。

对施工过程中出现的一些苗头性问题，管理处做到早发现、早解决。记得刚进场时，由于地方沙石料紧张，有个别石材供应商想趁机捞一把，针对这种情况，管理处领导班子根据项目隧道里程长、弃石多的实际情况，通过对2座特长隧道地质材料的勘探检测，确认符合高速公路相关用料质量要求。隧道弃料的科学利用，很大限度地降低了沿线沙石料供应商的价格，也对生态环保做出了贡献。

龙连高速公路全线105座桥梁，由于地处山区，梁场场地和原材料进场异常困难，如果建设中按常规征用土地建设梁场，将要规划建设20个梁场，征用土地资源353亩。这对生态环境无疑是一个极大的破坏，也对本来用地紧张的我省增加难度，为了解决这个“短板”，龙连高速公路项目联合高等院校开展了在路基上建设预制场，并将预制场硬化层作为路面基层使用的专题研究工作，最终研究成果在全线推广应用。这项工作的高效推动使得龙连段共有12处预制场建在路基上，节约了大量临时用地、路面基层以及预制场硬化层拆除等工程，产生了极大的经济效益和社会效益。

三、精心管控创建“精品”

“龙腾虎跃，挖方填方，方方正正，皆合标准；连战皆捷，跨山穿水，山山水水，恪守规则。”在龙连高速公路一路走下来，笔者脑海里闪现的不仅是这幅笔者编写对联的场景更是龙连建设者推行标准化，打造“品质工程”的决心和信念。

为了创建“南粤品质工程”，管理处严格按照交通运输部等制定的标准，规范推进项目建设，确保各项标准执行到位。在施工中，召开现场观摩会、经验交流会是家常便饭。为了打造优质工程、精品工程，龙连建设者全面推行首件工程认可制。第一片梁、第一段路基、第一段绿化等首件工程都经过认可、现场观摩交流后再示范推广。通过典型示范，以点带面，有效地保障了后续工程的质量。

除了对优良工程进行观摩和现场交流外，龙连建设者还通过HCS 公路项目建设管理系统把公路项目建设的全面管理与计算机应用技术紧密结合起来，为项目建设管理提供快速、准确、全面的管理信息，实现了业主、监理和承包人三方异地自动化办公，确保工程质量、进度、投资各阶段计划的及时制定和有效实施。

此外，为了将“双标管理”体系落到实处，管理处坚持，在创建优质样板工程的进程中，将建设单位的要求在施工单位中不折不扣地落实才是硬道理。为此，管理处首先以关键工序检查为契机，促进全过程控制。开工至今，共下发指令数百份，开具罚单和发出通报超百份，已全部责令施工单位整改闭合完成。其次，龙连管理处以高素质队伍为基础，促进工程质量可控。先后对各施工单位、监理单位、检测单位和管理处工程部各标段长等主要技术人员进行专业技术考核，对考试不合格的人员进行清退。此外，龙连管理处还在全线的实验室、拌和站安装了隧道门禁全程监控系统，用信息化手段加强关键环节的质量、安全管理。正是有了这一系列的举措和制度，才使得龙连段全线工程质量总体处于可控状态。项目开工建设以来，他们对路基、桥涵、隧道、排水、支挡等工程进行大频率抽检，其中涉及结构尺寸、混凝土强度、钢筋数量等关键性指标合格率均为100%，其余质量指标均满足管理处下发的质量控制管理规定要求。

在全线控制性工程粗石山和金花隧道口现场，笔者了解到，由于这两座隧道处在构造破碎带、岩爆等不良地质区域，自开工以来，经常碰到淤泥和涌水的情况，其中金花隧道最大出水量达到每小时6000立方米，平常情况下也有每小时1000立方米。为此，建设者按照设计要求，在破碎带前及破碎带施工过程中，加强监控量测及超前地质预报，隧道根据具体围岩情况，进行支护参数优化工作，优先采用超前小导管或双层小导管超前支护，必要时进行超前预注浆加固围岩；优先采用了便于工法转换的台阶法、三台阶法短进尺开挖，初期支护及时施作并封闭成环；必要时采用径向注浆加固围岩。采访笔者还了解到，隧道施工一年多了，因其地质环境差的实际，工程进度一直不理想。但为了保证工程质量和安全，建设者没有一味地追求进度和效益，而是采取“稳扎稳打，步步为营”的战略，使工程无论是初期支护还是永久性二衬，都做到了内实外美。

四、坚定信念成就“标杆”

广东省交通运输厅副厅长贾绍明在调研龙连高速公路项目时提出“争树建设管理标杆、争当人文建设标兵、争做省市合作标范”目标。领导的目标任务是明确的，如何推进是摆在项目建设者面前的重任。

龙怀高速公路龙川至连平段沿线生态系统稳定，风光旖旎，森林资源丰富、水质一流。途经的连平县更是被评为“广东省生态县”“全国生态建设示范区”，是广东省北部的重要生态屏障，被称为“广东的香格里拉”。近年来，连平县委、县政府着力打造“魅力连平诗意客家”的九连山旅游品牌，将丰富的自然资源变成绿色财富，实现“绿富共赢”。在这样的青山绿水间新建高速公路，对建设单位来说无疑又是一道严苛的命题。

“龙川至连平段必须按照打造山区生态和谐路的标准进行施工和管理！”南粤交通董事长职雨风在一次劳动竞赛动员大会上掷地有声地对项目提出了要求。

要落实标杆，就要坚定信心，自我加压，奋力赶超，就要迎难而上，积极应对重重考验。为了建设山区生态和谐路，从设计源头开始，项目的路线选择始终坚持最大化环保、最小化占用，能打隧道和架桥的绝不选路基，全线桥隧占路线长度的比例高达43%。

全线所有路基边坡施工做到开挖一级、支护一级、绿化一级，同时优化边坡设计，做好绿植搭配；在施工现场，笔者看到，边坡绿化与大桥雄姿相得益彰；隧道进洞施工均采用“零开挖+明洞”方式，尽力避免施工造成的植被破坏；隧道洞渣得到充分利用，实现变废为宝，除了用于标段本身的碎石加工外，其余洞渣加工成碎石后限价统一调配至相邻标段使用，减少施工成本和对周围环境的破坏等。同时，为了打造节约型建设管理单位，针对地质条件复杂，在初步设计阶段就及时组织专家对初测线位及重大工程方案进行内部审查，对重要敏感工点邀请专家现场踏勘，切实做到地质选线、征拆选线、环保选线、规划选线，此举成功避让龙川一座加油站、优化龙川西立交、优化元善枢纽立交、减少油溪互通主线桥200米，优化高边坡防护方案等，为项目总体共节约造价约1.5亿元。

作为省重点工程和政府还贷项目，如何把建设资金用好，确保项目建设廉洁高效是摆在建设者面前的一个重大考验。龙连建设者以“三严三实”和“两学一做”活动为契机，结合项目建设实际，积极探索，着力构建廉政风险防控体系，启动“企检共建”，在全线所有参建单位设立廉政举报箱，大力实施推进阳光政务。如何处理好工期短、技术难度大、质量要求高与安全生产的关系是龙连段面临的又一个重大考验。开工以来，龙连段把“安全生产标杆”建设作为实现安全管理标准化目标的一个重要手段，共创建了路基高边坡、人工挖孔桩、高墩作业、架梁作业、隧道施工、跨路（涉路、跨河）施工、临时用电和特种设备管理“安全生产标杆”共计8大项，并成功向全线完成推广。整个过程中，没有发现一起违法违规违纪案件，全线参建单位实现“零投诉”；没有出现一起安全责任事故，有效保障了项目建设顺利推进。2015年，管理处综合绩效考核被上级单位评为“优秀”；被评为2015年度广东省公路水运工程“平安工地”示范项目。

美丽的粤北大地，一条彩链飞舞其间。龙连之美，美在速度，更美在质量、美在廉洁、美在安全。这条集外观形象与内在品质于一身的高速公路，将在我省高速公路建设史上留下浓墨重彩的一笔。

铸造大美龙连的“先锋团队”

《广东交通》2016年第6期

文/黄锡辉

图9-22 铸造大美龙连的“先锋团队”

粤北山区，客家古邑。2014年，冬天，几个年轻的公路人来到这片美丽却略显闭塞的土地。他们望着绵延的群山、纵横的河汊，眼神里满是憧憬，浮现在他们脑海中的是一条蜿蜒的巨龙——龙怀高速公路——国高网规划“7918”布局中的第17横，国家重点项目。而这群年轻人，正是龙连高速公路建设大军的先头部队——龙连征拆团队。

建设工作千难万难，征拆工作第一难。征地拆迁，是高速公路项目建设的第一道关口，也是最棘手的难题。龙连高速公路更是如此，127千米的建设里程，桥隧比高达43%，整体建设工期只有三年。要在既定工期内完成如此庞大的工程量，快速征拆至关重要！为此，广东省高速公路建设指挥部、南粤交通为龙连人下达了军令状——力争2014年12月进场施工。一边是紧张的工期，一边却是繁重的征拆任务：龙连高速公路途经河源市龙川、东源、连平县和韶关市翁源县，全线涉及征收土地约1.3万亩，建筑物20.4万平方米，需拆除房屋510栋、个案难点处理75个、应迁改管线678处、应迁移山坟1万多座！

面对压力与挑战，龙连征拆团队开始了“冲锋陷阵”。

一、报批：攻坚克难创“神速”

作为建设和征拆工作的“要件”与“凭证”，用地手续基础资料多，审批流程复杂。面对这难啃的“硬骨头”，此时的龙连征拆团队只有4个人，且基本都是“新兵”。

人手不够，只能加班加点。经验不足，只能摸着石头过河。在南粤公司的统筹协调下，龙连征拆团队打响了大美龙连建设工作的“第一枪”，找模板，学经验，抢时间，加班熬夜，赶图制表，紧盯流程……431个村，及涉及镇、县、市、省的林业、国土、社保等部门，6500多个公章、签名……每一个公章和签名的背后，都是龙连征拆团队的付出与坚守，智慧和汗水。缺兵少粮的“第一战”，龙连征拆团队初尝胜果：

2014年12月2日，先行用地取得国土资源部批文，从取得初步设计批复到获批，仅用了一个月！

2015年10月16日，整体用地取得国务院批文，从上报国土部到获批，不足90天！

更难能可贵的是，无论是先行用地，还是整体用地报批资料，龙连征拆团队都做到了“一次成型，无需补件”。能做到这一点的，在全国报国土部审批项目里仅有10%。对于龙连征拆团队的报批速度，中国交通报特约记者曾由衷感慨——“神速”！

二、征拆：创新模式拔“钉子”

用地报批的完成，只是万里长征的第一步。实际征拆工作的展开更为关键。如何协调与地方的关系，如何保障征地居民的切身利益，如何加快征拆工作进度……这一系列难题的解决，取决于龙连征拆团队的集体智慧与管理水平。为此，龙连征拆团队提出了“拔钉子”精神，立足“服务型”业主定位，把施工单位的用地需求摆在第一位，通过“实现‘无障碍’、抓住‘牛鼻子’、创造‘新模式’”，全速推进征地拆迁。

科学的沟通机制，明确的责任体系，是征拆工作管理的关键。龙连征拆团队坚持“以问题为导向”，立足一线工作法，确立了“分级负责，上下联动”的工作方针，将责任分解到个人，将问题解决在基层。项目土地征收约13017亩，应拆建筑物约20.4万平方米，借助“无障碍”的征拆管理体系，龙连征拆团队仅用6个月时间便完成无障碍交地94%，完成房屋拆迁97%。截至2016年4月底，已完成交地100%；截至2016年9月，已完成房屋拆迁100%。

控制性工程往往是影响工程进度的关键，也是拆迁工作的“牛鼻子”。因此，征拆团队将控制性工程的征拆工作摆在了首要位置，制定了“优先征拆、重点征拆”的策略。经过努力，正式开工前，龙连征拆团队就完成了先行标无障碍交地的50%。土建标段进场后，仅两个月控制性工程交地便完成了73%。龙连征拆团队为建设大军开辟了重要战场。

在征拆工作中，电力管线迁改工作是最难拔的“钉子”之一。龙连征拆团队立足大量调研，总结了以往项目经验，创造性地采用了“电力设计施工总承包”模式，通过

“设计先行、盯紧审批、抓住关键、协调到位”的思路，6个月时间完成电力线改迁比例达92%，突破了“电老虎”。龙连高速公路电力线迁改共392处，截至2016年12月31日，已完成迁改390处，完成比例为99.5%。同时，龙连人还创新性地将20个预制场设置在了主线路基上，从而避免了二次破除和投入，节约了用地成本，缩短了征地周期。

三、标签：敬业奉献书“情怀”

“龙连速度”一时间响彻整个南粤交投。面对龙连人创造的一个又一个征拆速度的“新纪录”，有人惊奇地问“你们是怎么做到的？”其实，答案就在一本本“加班台账”里。在登记加班情况的台账上，三角形标记代表着加班天数。在所有同事的加班记录中，征拆团队的三角形数量最多，每一位成员的月平均加班量在4天以上……这一连串的三角形，绘就了最美的龙连图腾。很多时候，龙连拆迁团队的同事，来得最早，走得最晚。无数个深夜，三楼征拆部办公室的灯孤独的亮着，仿佛是一颗璀璨的恒星，它的光芒照亮了每一个龙连人。

这是一个年轻的团队，平均年轻不过30岁。他们中有的迈入社会不久，有的刚刚组成家庭。为了给施工抢时间，他们牺牲了与家人团聚的宝贵时光。结婚不到一年的小刘，新婚宴尔顾不上蜜月，便投入征拆工作，往往一个月才能回家一次。即便妻子怀孕，小刘也难得有机会回家照料。小刘的孩子出生这天刚好是周末，但由于征拆工作进展到关键节点，他仍然坚守岗位，只能通过电话与家人联系。

有人问小刘，这样做值得吗？小刘说，我有一个梦想，等孩子大了，带着孩子和妻子开车沿着大美龙连走一遭，让家人看看我们的精品创造。告诉他们，他们的父亲、丈夫是这条路的开路先锋军，到那时，我想他们会理解我所做出的奉献与牺牲。

就是这种奉献与牺牲，成了征拆团队的一种情怀，更成为龙连精神的核心。

四、成绩：领跑南粤勇“争先”

2014年12月，伴随着施工机械进场，龙连高速公路先行工程开始施工建设。2015年6月，龙连高速公路全线开工。2016年6月，龙连高速公路全线征拆工作基本完成，比省高速公路建设指挥部下发的责任目标分解表时间节点提前了约2个月，这一速度在全省高速公路建设中屈指可数。

如今，龙连建设大军突飞猛进、大干快上，在三次劳动建设中分别完成预定目标的106%、103%和114%；截至目前，龙连段完成建安产值52.96亿元，土建工程已进入收尾阶段，工程进度位居南粤交投同期在建项目首位，得到了广东省交通运输厅贾绍明副厅长的高度赞扬。2016年6月7日，中国交通报第5版刊登了《建龙连生态路，赏粤北别样风光》一文，龙连征拆工作成为其中浓墨重彩的一笔。

工程建设成绩的取得离不开征拆工作的出色完成，离不开龙连征拆团队的敬业奉献。伴随征拆工作的完成，这支龙连高速公路的“先锋军”已然投入到了新的建设任务中，他们必将不负重托、不忘初心、闻鸡起舞、撸起袖子加油干，继续向着“争当人文建设标兵、争树建设管理标杆、争做省市合作标范”目标大步前行，为把龙连高速公路建设成为一条粤北人民的致富奔康、连接幸福的和谐之路、生态之路、品质之路、安全之路做出新的努力，为南粤公司的建设事业再立新功！

续写龙连速度 打造南粤品质

《广东交通》2017年第1期

文/黄锡辉

政企之桥 行业之窗 会员之家

广东交通

TRANSPORTATION OF GUANGDONG 广东省交通运输协会主办 2017年 第1期 总第187期 双月刊

建设一线

续写龙连速度 打造南粤品质

文/黄锡辉

广东省龙川至怀集公路龙川至连平段全长约127.467km，项目2015年9月全面开工，计划2017年底通车。项目全线采用双向四车道设计标准，共设桥梁153座，其中特大桥2座；隧道5座，其中特长隧道2座，桥隧比例高达43%。

龙连段属典型的山区高速公路，路线经过地区地质灾害频发，同时多次与公路、铁路、河流相交，其建设规模之大，协调难度和安全风险之大，技术难度和桥隧比之高在同期开工的项目中较为罕见。面对挑战，龙连人乐于奉献，勇于担当，攻坚克难，乘势而上，不断朝着项目的建设目标奋勇前进。2016年，在广东省南粤交通投资建设有限公司的有力领导下，龙连以创建“南粤品质工程”为抓手，打造秀美高速建设新模式，为铺就资源节约生态环保之路，交出了一份“亮丽答卷”。

续写“龙连速度”有数字

截止2016年6月，龙连全线1.3万亩土地、510栋房屋、75起个案难点、678处管线、1万多座山坟征迁工作基本完成，相比省高速公路指挥部规定的时间节点提前了近2个月。

截至2016年12月，龙连年度累计完成投资402814万元，占比113%；项目累计完成投资总额70.27亿元，其中土建工程建安费完成49.95亿元，完成比例78.86%；路基工程形象进度完成比例达99.9%；桥梁工程立柱完成比例达96.1%，预制梁完成比例达80%；隧道开挖完成比例达95.4%，其中3个隧道已贯通；路基交验主线完成达60%。

2016年，龙连继续跑出加“速度”，认真贯彻落实省委、省政府关于加快高速公路建设步伐的总体要求和省交通运输厅“[illegible]”的统一部署，继续开展了2次劳动竞赛，分别完成预定目标产值14.8亿元、20.2亿元的103%和114%。

创建“品质工程”有标准

打造南粤品质工程，任重道远。龙连人始终坚持首件工程做“精品”，从全线第一处浆砌水沟、第一段边坡防护、第一个钢筋笼抓起，深化双标管理，做实首件工程。一是坚持路基工序做“精度”，路基填筑石灰打方格从源头控制好分层填土厚度，高填方路基，采用冲击式压保证填土压实度，采用重锤强夯、定点施夯[illegible]。二是坚持治理通病做“精心”，采用模架加工防撞栏预埋钢筋，采用定时喷淋系统对预制梁[illegible]……

42 TRANSPORTATION OF GUANGDONG

图9-23 续写龙连速度 打造南粤品质

广东省龙川至怀集公路龙川至连平段全长约127.467km，项目2015年9月全面开工，计划2017年底通车。项目全线采用双向四车道设计标准，共设桥梁153座，其中特大桥2座；隧道5座，其中特长隧道2座，桥隧比高达43%。

龙连高速公路属典型的山区高速公路，路线经过地区地质灾害频发，同时多次与公路、铁路、河流相交，其建设规模之大，协调难度和安全风险之大，技术难度和桥隧比之高在同期开工的项目中较为罕见。面对挑战，龙连人乐于奉献，勇于担当，攻坚克难，乘势而上，不断朝着项目的建设目标奋勇前进。2016年，在南粤交通的有力领导下，龙连以创建“南粤品质工程”为抓手，打造秀美高速建设新模式，为铺就资源节约生态环保之路，交出了一份“亮丽答卷”。

一、续写“龙连速度”有数字

截至2016年6月，龙连全线1.3万亩土地、510栋房屋、75起个案难点、678处管线、1万多座山坟征迁工作基本完成，相比省高速公路建设指挥部规定的时间节点提前了近2个月。

截至2016年12月，龙连年度累计完成投资402814万元，占比113%；项目累计完成投资总额70.27亿元，其中土建工程建安费完成49.95亿元，完成比例78.86%；路基工程形象进度完成比例达99.9%；桥梁工程立柱完成比例达96.1%，预制梁完成比例达80%；隧道开挖完成比例达95.4%，其中3个隧道已贯通；路基交验主线完成达60%。

2016年，龙连团队继续赛劳动加“速度”，认真贯彻落实省委、省政府关于加快高速公路建设步伐的总体要求和省交通运输厅“五赛五比”的统一部署，继续开展了2次劳动竞赛，分别完成预定目标产值14.8亿元、20.2亿元的103%和114%。

二、创建“品质工程”有标准

打造南粤品质工程，任重而道远，龙连人始终坚持首件工程做“精品”，从全线第一处浆砌水沟、第一段边坡防护、第一个钢筋笼抓起，深化双标管理，做实首件工程。一是坚持路基工序做“精度”，路基填筑石灰打方格从源头控制好分层填土厚度，高填方路基，采用冲击式压保证填土压实度，采用重锤强夯、定点施夯强力度。二是坚持治理通病做“精心”，采用模架加工防撞栏预埋钢筋，采用定时喷淋系统对预制梁顶板养生，采用养护台车喷淋系统对二衬养生。三是坚持新工艺做“精湛”，采用智能张拉系统，整体化层采用重型三辊轴震动摊铺，隧道路面基层铺装推广使用重型三辊轴。四是坚持路面施工做“精致”，结构层端头设置20米土工布，确保结构层“零污染”；从垫层底基层开始设置洗车槽，确保“零污染”。五是坚持外观做“精美”，墩柱采用整体钢模板，使用优质脱模剂，边坡施工做到开挖一级、防护一级、绿化一级。

三、筑牢“平安工程”有保证

安全无小事，责任重于天。2016年龙连继续以“严”当头，以爬梯平台标准化、跨线施工标准化、架梁施工标准化为重点，构筑安全特种设备底线、临时用电红线，扎实践行各级安全管理规定，为安全保驾护航，迄今为止无一安全生产责任事故，得益于此，2016年被评为广东省交通运输厅“平安工地”。

四、推动“文化阵地”有力度

2016年，管理处以“两学一做”活动为契机，着力构建廉政风险防控体系，大力实施推进阳光政务，推动落实企检共建，打造阳光工程。管理处丰富宣传模式、深化宣传内容，围绕中心“鼓与呼”：制作《龙腾而起，连接幸福》画册，拍摄制作《龙连建设纪实》宣传影片，先后在《中国交通报》《广东交通》和中国交通网上刊登文章，在省电视新闻媒体、地方电视新闻媒体适时报道项目进展情况，累计编办《工作简报》24期。

五、凝聚“团队力量”有奉献

龙连团队平均年龄不到35岁，全年人员编制到位率仅为73%。龙连人以“先行担当、主动作为”的工作态度，以“风华正茂挥方遒”的精神风貌，以“功崇惟志、业广惟勤”的敬业精神攻坚克难，精益求精，保证了项目保质保量按期进行。龙连人的坚守得到了各级领导的赞扬与肯定，“我是龙连人，我为龙连奋斗”的团队精神得到进一步凝聚。

2017年，是龙连建设史的收官之年。龙连人深知目标光荣而艰难，必将不负重托、不忘初心、闻鸡起舞、撸起袖子加油干，向“争当人文建设标兵、争树建设管理标杆、争做省市合作标范”目标继续前进，为把龙连高速公路建设成为一条和谐之路、生态之路、品质之路、安全之路做出新的努力，为南粤公司的建设事业再立新功！

大美龙连　绿色典范

——龙连高速公路建设绿色公路始末

《广东交通》2017年第2期

文/黄锡辉　唐　浩　刘荣华

初夏的清晨，粤北群山笼罩着一层薄薄的雾。薄雾间，隐约可见旌旗飘扬，仔细听来，又是机械轰鸣。

这是正在建设的龙怀高速公路龙川至连平段的施工现场，建设者们正在抢抓有利天气，加紧建设步伐。经过近两年的建设，龙连公路雏形乍现，似一条苍龙，昂首向前，蓄势出川。

龙连高速公路全长约127.467km，自西向东串联起河源市龙川、东源、连平县和韶关市翁源县13个城镇。自2015年9月全面开工以来，管理处以创建南粤品质工程为抓手，打造秀美高速建设新模式，铺就资源节约生态环保之路，项目建设呈现出快、新、精、美、严的特点。

聚焦前沿

大美龙连 绿色典范

——龙连项目建设绿色公路始末

■ 文 / 黄锡辉 唐浩 刘荣华

初夏的清晨，粤北群山笼罩着一层薄薄的雾。薄雾间，隐约可见旌旗飘扬，仔细听来，又是机械轰鸣。

这是正在建设的龙怀高速公路龙川至连平段的施工现场，建设者们正在抢抓有利天气，加紧建设步伐。经过近两年的建设，龙连公路雏形乍现，似一条苍龙，昂首向前，蓄势腾飞。

龙连项目全长约127.467km，自西向东串联起河源市龙川、东源、连平县和韶关市翁源县13个城镇。

自2015年9月全面开工以来，龙连管理处以创建南粤品质工程为抓手，打造秀美高速建设新模式，铺就资源节约生态环保之路，项目建设呈现出快、新、精、美、严的特点。

保质保量进度快

今年4月12日，龙连段关键控制性工程大埠河大桥合龙，标志着大埠河大桥实现双幅贯通。目前，龙怀高速龙连段土建工程已全面进入收尾阶段，进一步接近龙连段2017年底建成通车的目标。

而在2014年冬天，当建设者们踏上这片美丽却略显闭塞的土地时，他们眼中看见还只是绵延的群山、纵横的河汊。

管理处的领导向我们介绍说，这条路最大的特点就是生态标准高，项目区拥有丰富的生态农业资源，自然风光优美，其中主要经过地连平是“广东生态县”“全国生态建设示范区”，生态保护标准很高。

这也是管理处想把这条高速打造成山区生态路的初衷。

此外，这条高速途径多个城镇，人口密度大，房屋征拆量大、管线迁改复杂，与原有铁路、高速、水系交叉多，而且地形地质复杂，总工期还不足两年半，时间紧、任务重，给建设者造成了不少压力。

据了解，龙连段全线挖方边坡共985处，其中高边坡多达211处。路线经过地段地质灾害频发，滑坡、崩塌、软基等不良地质分布广泛，并且存在岩溶、塌陷、暗河等不良地质现象。

“这是导致控制性工程多的直接原因”，管理处的负责人介绍说，“全线共有佗城枢纽互通、东江大桥、蛇背大桥、三角枢纽互通、金花隧道、大埠河大桥、元善枢纽互通、粗石山隧道八个控制性工程。”

尽管如此，龙连项目还是较快完成了前期工作。

由于未雨绸缪，且论证充分、材料准备详实，项目整体用地资料从上报国土资源部到获批复，用时不到90天！且一次完备、一次到

36 TRANSPORTATION OF GUANGDONG

图9-24 龙连高速公路项目建设绿色公路

一、保质保量进度快

2017年4月12日，龙连高速公路关键控制性工程大埠河大桥合龙，标志着大埠河大桥实现双幅贯通。目前，龙连高速公路土建工程已全面进入收尾阶段，进一步接近龙连段2017年底建成通车的目标。

而在2014年冬天，建设者们踏上这片美丽却略显闭塞的土地时，他们眼中还只是绵延的群山、纵横的河汊。

管理处的领导向我们介绍说，这条路最大的特点就是生态标准高，项目区拥有丰富的生态农业资源，自然风光优美，其中主要经过地连平是“广东生态县”“全国生态建设示范区”，生态保护标准很高。

这也是管理处想把这条高速公路打造成山区生态路的初衷。

此外，这条高速公路途经多个城镇，人口密度大，房屋征拆量大、管线迁改复杂，与原有铁路、高速公路、水系交叉多，而且地形地质复杂，总工期还不足两年半，时间紧、任务重，给建设者造成了不少压力。

据了解，龙连段全线边坡共985处，其中高边坡多达211处。路线经过地段地质灾害频发，滑坡、崩塌、软基等不良地质分布广泛，并且存在岩溶、塌陷、暗河等不良地质现象。

“这是导致控制性工程多的直接原因”，管理处的工作人员介绍说，全线共有佗城枢纽互通、东江大桥、蛇背大桥、三角枢纽互通、金花隧道、大埠河大桥、元善枢纽互通、

粗石山隧道8个控制性工程。尽管如此，龙连高速公路项目还是较快完成了前期工作。

由于未雨绸缪，且论证充分、材料准备翔实，项目整体用地资料从上报国土资源部到获批复，用时不到90天！且一次完备、一次到位，无需任何补件！这在广东省乃至全国都是不多见的。据统计，全国各省每年报部资料能做到不需任何补件的只占10%。

管理处还刷新了现场征地拆迁速度的新纪录。全线涉及征收土地约1.3万亩，建筑物约20.4万平方米，需拆除房屋510栋、个案难点处理75起、迁改管线678处、迁移山坟1万多座。自2015年6月龙连段全线进场，到2016年6月全线征迁工作基本完成，相比上级规定的时间节点提前了近2个月。2016年6月全线征拆工作基本完成。

进入实质性施工阶段后，龙连管理处的科学组织能力优势再一次体现，工程进度势如破竹。

他们巧分批抓“工期”，全线16个标段施行分批设计、分批招标、分批进场。这“三个分批”，为施工争取了时间。2014年12月31日先行标段准时开工，2015年3月完成5个控制性工程标段招标，为控制性工程多争取了2个月时间。土建单位均在2个月内完成临建，抓住了2015年下半年旱季大干的黄金时期，保证了项目进度可控。其中金花（4738.5米）和粗石山（4196米）两个特长隧道分别仅用21个月和19个月顺利贯通，位居广东省同类隧道安全顺利开挖的前列。

同时，管理处还大力开展劳动竞赛，为建设“加速”。他们认真贯彻落实省委、省政府关于加快高速公路建设步伐的总体要求和省交通运输厅“五赛五比”的统一部署，抓住一切有利时机在全线掀起大干高潮，先后开展了3次劳动竞赛，分别完成产值16.3亿元、15.3亿元和23.02亿元，占预定目标的106%、103%和114%。

截至2017年4月30日，项目累计完成投资79.06亿元，占预估合同概算总额107.9亿元的73.28%，其中建安费完成58.50亿元，占预估建安费总额81.3亿元的71.96%。项目形象进度路基工程累计完成99.5%，桥梁工程累计完成97.8%，隧道工程累计完成99%，路面工程累计完成34%，5个隧道均已贯通。路基交验主线完成达85%。

这一系列的有力举措，有力地推动了龙连高速公路的建设。据了解，目前项目已逐渐进入路面工程大面积施工阶段，质量总体处于可控状态。

记者点评：高速公路建设领域对于工期一直存在争论，不少专家认为2～3年的工期过快。但越来越多的实践证明，国家对简政放权的不断推进，以及建设施工技术的不断创新升级，只要程序合法，准备充足，组织合理，措施得力，2～3年建成一条优质高速公路是可行的。

二、方式方法思维新

要打造秀美高速公路，首先要有新的思维和理念，并且要不断创新方式方法。管理处领导班子清楚，如果不跳出定式思维，不抛弃旧的方法，大美龙连就会成为一个口号。为此，他们把资源节约、节能高效的理念贯穿到项目建设的全过程，并不断创新方式方法，达到了节约土地、资金、能耗等良好效果。

在项目设计时，他们着眼周期成本，建管养一体化，从设计抓起，推行全寿命周期成本理念，强调系统性，强化结构设计与养护设施的统一，全面推行设计标准化，做到了桥梁上部结构标准跨径（20米、25米、30米箱梁、40米T梁）、下部结构、辅助设施、隧道及涵洞等标准设计。

土地，是大山里最珍贵的资源之一。为最大限度减少土地资源的占用，龙连高速公路项目全盘规划施工临时便道、项目驻地、预制场等，集约利用通道资源，做到充分利用，减少重复建设。

据了解，项目沿线具有G205、G105、S229、S341、X164等国、省、县道，临时施工便道结合地方道路或通过改路后结合，减少土地资源占用，降低建设成本。

在临建选址时，龙连管理处充分考虑地方规划与节约土地资源，鼓励施工单位项目部利用当地现有建筑作为项目驻地。

管理处工作人员告诉记者，全线16个土建标、3个监理标和2个检测标共21个标段，有13个标段项目驻地利用现有房屋建筑，利用率为62%。

在前期征地拆迁工作中，管理处又创造性地采用了“电力设计施工总承包”模式，以“设计先行、盯紧审批、抓住关键、协调到位”的思路，6个月时间完成电力线改迁92%，突破了“电老虎”对电力线迁改的制约，极大地缩短了时间，节约总造价15%，约3000万元。此外，龙连高速公路的施工用电采取“永临结合”，采用高压专线+沿线T接的结合方式，达到“一线架通、全线共享”的效果，节省1000多万元建设费用。

考虑到本项目与大广高速公路相交，终点与仁新高速公路相接，管理处按照“统筹规划、合理布局、集约高效”的原则，委托大广高速公路和仁新高速公路进行代建，签订共建协议。如此，一是避免了施工单位临建等工程的重复建设，减少资源浪费；二是避免大广高速公路建成后，交叉施工难度大、建设成本高，可谓一举两得。

为节省造价，提高质量，管理处还出台了合理化建议奖励实施办法，调动参建各方的积极性，有效节约项目建设成本。

在施工阶段，建设者们也毫无保留地践行着节约的理念。他们善于变废为宝，施工阶段洞渣加工成碎石，变废为宝，统一限价后供邻近标段使用，遏制了周边市场碎石价格的非理性增长，保护了周围环境，实现了参建各方共赢，节约建设成本2000多万元。

他们大力推广使用节能技术，在全线隧道和房建场区推行LED节能灯具、照明智能控制系统，不再使用传统的高压钠灯，每年能够节省电费约400万元。此外，项目地处山区且路段较长，全线覆盖的供电系统费用较高。他们便因地制宜，在路段中间布设20套太阳能供电设备，保证偏远地区的外场监控设置运作，节省供电线路铺设约25千米，节约投资约500万元。

一串串数字，一项项举措，无不透露了龙连建设者可持续发展的眼光和见识。正是这一种理念，为打造大美龙连提供了不竭动力。

记者点评：高速公路建设是一项系统工程，节能降耗涉及各个环节。这要求建设者们不仅要用心，更要用技。龙连建设者这种精打细算的节约精神，不仅是在做减法，很大限度节约了土地、资金等资源，更助推了项目精细化管理，形成了良性循环。

三、施工质量贵在精

南粤人精打细算的精神还带来了精细化管理，他们把这股认真劲用在了狠抓施工上，打造内实外美的工程。

龙连人从全线第一处浆砌水沟、第一段边坡防护、第一个钢筋笼抓起，深化双标管理，做实首件工程。

“质量上没有差不多，管理上没有下不为例。”这是管理处领导经常挂在嘴边的一句话，也是执行标准。开工至今，管理处共下发指令数百份，开具罚单和发出通报超百份，质量不合格的，坚决做到百分之一百返工，坚决杜绝例外特殊。

为保证质量，管理处先后对各施工单位、监理单位、检测单位和管理处工程部各标段长等主要技术人员进行专业技术考核，对考试不合格的人员进行了清退。

“借助信息化举措，可以更加精确有效地进行管理。”龙连管理处工作人员告诉记者，他们也很注重利用信息化手段对工程施工质量进行管控。截至目前，龙连高速公路路面工程已建立实时视频监控系统，对拌和站及工地试验室等重要工点均实现有效监控，包括对全线路面工程沥青混凝土拌和设备、摊铺机及主要试验设备进行生产及检测数据的实时监控，并建立工程质量报警系统对全线沥青路面工程进行严格管控。

面对管理处如此严格的质量的管控措施，各参建单位不敢怠慢，他们把一项项工程当作艺术品来做，坚持精雕细琢：

（1）路基工序做“精度”，路基填筑石灰打方格从源头控制好分层填土厚度，高填方路基，采用冲击式压保证填土压实度，采用重锤强夯、定点施夯强力度；

（2）治理通病做“精心”，采用模架加工防撞栏预埋钢筋，采用定时喷淋系统对预制梁顶板养生，采用养护台车喷淋系统对二衬养生；

（3）坚持新工艺做“精湛”，采用智能张拉系统，整体化层采用重型三辊轴震动摊铺，隧道路面基层铺装推广使用重型三辊轴；

（4）坚持路面施工做“精致”，结构层端头设置20米土工布，确保结构层“零污染”；从垫层底基层开始设置洗车槽，确保“零污染”；

（5）坚持外观做“精美”，墩柱采用整体钢模板，使用优质脱模剂，边坡施工做到开挖一级、防护一级、绿化一级……

一件件内实外美的工程，从他们的指尖诞生，成为标杆。

记者点评：采访时，记者发现龙连高速公路墩柱色泽均匀、外观优美。不仅感叹建设者的匠心，如此雄伟挺拔的建筑，也可以有如此细腻精致之美。这看似矛盾的两面，在龙连人的手里，变得相互融合、相得益彰，这也许就谓之“工匠精神”。

四、生态人文皆为美

龙连高速公路经过龙川、东源、连平和翁源四县，龙川是客家古邑，连平是广东生态名县，有“广东香格里拉”之称，毗邻多处省市风景区，穿越环境优美的畲族少数民族聚居地。在这风光旖旎，景色秀丽的山区施工，生态施工、文明施工尤为重要。

采访中，记者发现一个有趣的事实：预制场都设置在主线路基上。大连管理处的领导告诉我，他们是有意将全线24个预制场设置在主线路基上的。同时，他们还联合高等院校开展预制场硬化层再利用研究，硬化层采用未筛分碎石+ C25混凝土结构形式，作为后期路面的垫层和底基层使用。

这一做法，节约预制场、弃渣场、运输便道征地及复绿上800余亩，节省施工和建设成本7000余万元，缩短了预制场清理时间，最大限度地保护了环境。

据了解，龙连高速公路坚持环保选线理念，做到最小化占用保“源头”美，推行生态环保设计，避让基本农田，减少土地分割，以对环境最小的破坏为原则，优先选用桥梁和隧道穿越，避免大挖大填，实现用地最小化占用，打造山区生态和谐路。

在建设施工过程中，龙连管理处严格落实环境保护和水土保持的要求，集中收集现场垃圾，完善污水排放处理措施；设置了除尘、洗车、沉淀池、喷淋装置等，有效防止施工扬尘、废水乱排等行为。

项目全线5个隧道进洞施工均采用“零开挖+明洞”方式，边坡施工做到“开挖一级、防护一级、绿化一级”，同时动态优化边坡设计。通过绿化试验对配合比进行验证、调整，选出与周边环境最融合的绿化配比在全线推广，做到绿化与周围环境浑然一体，营造路景和谐。为提升沿线景观，他们对主线上可见的所有取、弃土场、桥下空间和填平区全部进行了绿化，着力打造绿色交通，项目通车时要求沿线可绿化路段绿化率100%，植被恢复率和临时占地率98%以上。同时，倡导人性化、本土化、绿色化设计，以“客家古邑，多彩龙连”为主题，通过有效的植物组合，增加绿色植被防护，进行路域景观提升，打造“低碳安全、生态美观、多彩龙连、万绿河源”的景观高速公路，构建路地和谐关系。在龙川，他们打造了“佗城古镇”景观，在连平，他们设计了“桃花节”主题，增设了观景平台……这些与自然融合的设计，拓宽完善公路旅游服务，为公众的个性化出行提供便利，提升了出行体验。

记者点评：生态文明是人类文明发展的一个新的阶段，投射到高速公路建设中，就是要最大限度地保护自然环境。龙连高速公路不仅做到了，而且将这一理念拓展，与沿线的人文环境相融合，打造路、地、人和谐发展的绿色公路典范。

五、安全监管要求严

安全无小事，责任重于天。管理处以“严”当头，要求各参建单位每年及时签订安全生产责任书，每季度对内部各职能部门、业主代表以及总监办、各施工合同段的“一岗双责”落实情况进行考核，明确各自责任区域划分和管理职责，确保安全管理责任落实到人。开工以来，龙连段把“安全生产标杆”建设作为实现安全管理标准化目标的一个重要手段，创建了路基高边坡、人工挖孔桩、高墩作业、架梁作业、隧道施工、跨路（涉路、跨河）施工、临时用电和特种设备管理“安全生产标杆”共计8大项，并成功向全线完成推广。具体操作过程中，他们坚持“5个严”：跨线施工标准“严”，跨线桥施工中安全防护棚均严格按照标准化要求设置限高门架及各类警示牌；高墩爬梯保护“严”，采用定形安全爬梯，搭设及时、稳固，临边防护齐全；施工防护作业“严”，桥面施工，采用白色防坠网+蓝色密目网“严”格防护，各桥标均采用防撞栏施工台车进行施工，确保防撞护栏施工安全；特种设备监管“严”，确保龙门吊、架桥机等设备三证齐全、安全可靠；坚持临时用电操作“严”，做到钢筋加工场内电箱规范摆放，电箱内接线规范，电工巡视记录及时。截至目前，龙怀项目龙连段安全生产形势平稳，未发生任何安全生产责任事故，在南粤交通多次组织的考核检查中，均为“优秀”等级。在2015、2016年度南粤交通安全生产责任制考核中，管理处连续荣获安全生产“优秀单位”称号，并获得2015年“平安工地”示范项目。

龙连的美，就是建设者的“精神”之美。项目管理团队年龄不到36岁，全年人员编制到位率仅为73%，他们以“先行当担、主动作为”的工作态度，以“风华正茂挥斥方遒”的精神风貌，以“功崇惟志、业广惟勤”的敬业精神，攻坚克难，精益求精，确保了项目保质保量按期进行。一本本的获奖证书，一面面的赞扬旌旗，就是对这份坚守最好的认可。

天降大任、乘势而上，攻坚克难、以适千里。在127千米的建设线路上，最后的冲锋号已经响起，到处士气高涨，机声隆隆，粤北山区亮丽的明天，指日可待。

记者点评：龙连之美，美在速度，美在质量，美在廉洁，美在安全，关键美在精神。大美龙连，打造了山区绿色生态路的典范，为高速公路建设积累了不少好的经验做法。

龙连荣誉　扬帆再起航

作为龙连高速公路施工建设管理的业主单位，龙连管理团队从项目一开始便面对诸如经营施工时间紧、征地拆迁阻碍大、电力迁改任务重、生态环境保护要求高等困难。巨大的业主管理压力，使得龙连管理团队取得的各项荣誉，都弥足珍贵且意义非凡。自龙连管理处成立以来，管理团队先后获得国家级、省级、地市级和南粤交通投资建设有限公司荣誉奖章数十项，诸如2017年度“全国交通基础设施重点工程建设劳动竞赛优胜单位”、广东省2015年度公路水运“平安工地”示范项目、2015年度“连平县先进工会”、2016年度“河源市先进职工之家”等，综合绩效考核连续两年被广东省南粤交通投资建设有限公司评为“优秀”等级。众多的荣誉，是龙连管理团队展示艰辛历程的重要窗口，也是承担业主管理重大责任的历史见证。

雄关漫道真如铁，而今迈步从头越。翻开龙连管理团队曾经获得的种种荣誉，往事堆垒起岁月燃烧的篝火，奋斗的画面再一次真实地上演。如果说曾经的荣誉恰似光芒绽放的刹那，那么，那一抹耀眼的荣光，一定属于为龙连高速奋斗过的全体龙连人！

图10-1　龙连高速公路在2015年度获广东省交通运输厅公路水运工程“平安工地”示范项目

图10-2　河源市总工会授予龙连管理处2016年度“河源市先进职工之家”称号

图10-3　龙连管理处工程管理部2017年获得广东省南粤交通投资建设有限公司“感动龙连交通集体”荣誉

图10-4 龙连管理处在2015年度广东省南粤交通投资建设有限公司安全生产责任制考核中荣获“优秀单位”称号

图10-5 龙连管理处在2016年度广东省南粤交通投资建设有限公司安全生产责任制考核中荣获“优秀单位”称号

图10-6 龙连管理处在2016年参加广东省南粤交通投资建设有限公司“安康杯”安全生产知识竞赛中荣获“集体三等奖”称号

图10-7 龙连管理处在2017年参加广东省南粤交通投资建设有限公司“安康杯”杯安全生产知识竞赛获“集体二等奖”称号

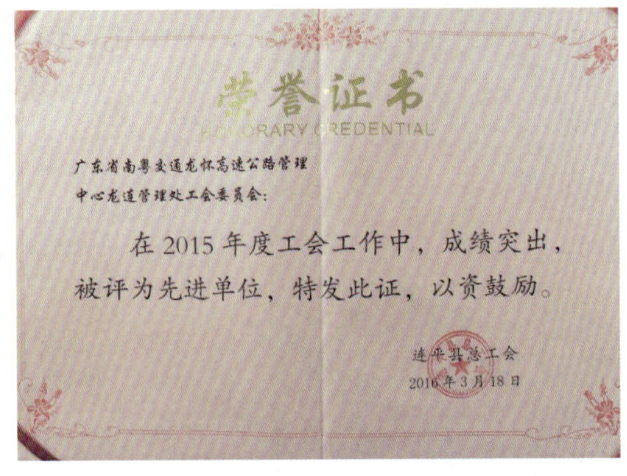
荣誉证书
HONORARY CREDENTIAL

广东省南粤交通龙怀高速公路管理中心龙连管理处工会委员会：

在2015年度工会工作中，成绩突出，被评为先进单位，特发此证，以资鼓励。

连平县总工会
2016年3月18日

图10-8 连平县总工会授予龙连管理处2015年度“连平县先进工会”称号

图10-9 2017年三八妇女节“环保创意时装秀”比赛三等奖

科普中国——首届全国公路微视频大赛晋级名单（排名不分先后）

序号	作品名称	制作单位 / 作者
1	微笑天使	陇南市蜗牛动力影视文化传播有限公司
2	一路有你	云南省公路局临沧公路管理总段
3	超载	湖北省交通运输厅公路管理局
4	心路（福建）	福建省泉州市公路局
5	路缘	浙江省温州市公路管理局
6	秀美龙连、品质为先——龙连高速建设纪实	张利、黄锡辉、李根存、唐浩、周杰（广东省南粤交通龙怀高速公路管理中心龙连管理处）
7	生死考验	昭通公路管理总段
8	监控・情	湖北高速公路应急指挥中心
9	拯救 2015	河北省交通运输厅
10	心路（江苏）	江苏省交通运输厅公路管理局
11	大美龙连	张利、黄锡辉、李根存、张亮、张立希（广东省南粤交通龙怀高速公路管理中心龙连管理处）
12	我的爸爸	福建省公路管理局
……	……	……
39	小石头	林州市公路管理局
40	高速路政工作的一天	安徽省高速公路路政支队
41	回家	广西壮族自治区公路管理局
42	绿色廊道　生态河北	河北省交通运输厅公路管理局
……	……	……
48	铺路石	扬州市公路管理处、扬州市公路学会
49	寻路中原	河南省交通运输厅公路管理局
50	张彪	辽宁交通运输厅公路管理局

图10–10　龙连管理处《秀美龙连、品质为先》《大美龙连》双双入围首届全国公路微视频大赛 50强

附录

附录一　工程大事记

2014年12月

31日，广东省龙川至怀集公路龙川至连平段先行工程开工，河源市委书记、市人大常委会主任何忠友宣布先行工程开工，广东省交通运输厅副厅长贾绍明、基建处处长黄成造，广东省南粤交通投资建设有限公司（以下简称“公司”）总经理职雨风，河源市委常委、秘书长黎意勇与副市长章权参加了先行工程开工仪式。

2015年1月

12日，控制性工程TJ1、TJ4、TJ7、TJ11、TJ13合同段招标清单及预算送广东省交通运输工程造价管理站（以下简称“省造价站”）审查，20日省造价站以招预2015002号招标清单核备处理表出具审核意见，并对本次报备文件总体评价为较好。

2015年2月

4日至6日，进行龙连高速公路5个控制性工程标段（TJ1、TJ4、TJ7、TJ11、TJ13）施工招标工作，公开招取了专业力量强、经验丰富、信誉好的施工单位，确保龙连高速公路工程顺利开展。

15日，龙连高速公路与河源市人民政府签订了《广东省龙川至怀集公路项目河源市路段征地拆迁工作包干协议》。

2015年3月

5日，广东省交通运输厅对龙连高速公路5个控制性工程标段（TJ1、TJ4、TJ7、TJ11、TJ13）施工招标评标结果上报交通运输部备案。

16日至18日，完成监理服务J1、J3和试验检测JS1标招标工作，至此龙连高速公路施工监理、试验检测招标全部完成。

26日，河源市委书记何忠友到龙连高速公路元善枢纽互通现场调研征地拆迁工作。龙连管理处主任张利向何书记汇报了龙连高速公路工程建设的推进情况，重点汇报了近期8个控制性工程（佗城枢纽互通、东江大桥、蛇背大桥、三角枢纽互通、金花隧道、大埠河大桥、元善枢纽互通、粗石山隧道）征地拆迁和龙连高速公路整体用地报批工作的进展情况。

2015年4月

9日，公司董事长陆亚兴、总经理职雨风一行到龙连高速公路调研，检查了先行工程金花隧道施工现场，听取了龙连高速公路工程建设的推进情况汇报，并对施工单位负责人在推进工程建设及管理过程中的难题进行了答疑解惑。

2015年5月

22日，河源市副市长章权率河源市公路局，连平县委、县政府相关负责同志检查龙连高速公路先行工程金花隧道施工现场，并在龙连管理处召开征拆工作协调会。

29日，河源市委书记何忠友率队到连平、龙川、东源等县检查龙连高速公路征地拆迁及建设情况。

2015年6月

1日，广东省交通运输厅对龙连高速公路一般性工程标段（TJ2、TJ3、TJ5、TJ6、TJ8、TJ9、TJ12、TJ14、TJ15、TJ16）施工招标评标结果上报交通运输部备案。

5日，广东省南粤交通龙怀高速公路管理中心龙连管理处党工团组织成立。

25日，公司副总经理李远军率公司安全生产检查组到龙连管理处开展2015年上半年安全生产大检查。

2015年7月

9日，公司副总经理夏振军、基建管理部部长孙家伟督导龙连高速公路建设情况。

2015年8月

10日至11日，公司在广州市组织召开了A1、A2设计合同段路面施工图设计审查会议。

23日，龙连管理处主任张利在船塘互通陪同河源市副市长章权现场检查征地拆迁工作。

2015年9月

2日，龙连高速公路在龙连管理处召开了征地拆迁推进会暨第一次劳动竞赛动员大会。

25日，龙连高速公路材料供应招标评标工作顺利结束，为确保完成本年末旱季大干任务提供了可靠的保障。

2015年10月

16日，经国务院批准，国土资源部以国土资函〔2015〕725号文批复同意，批准汕昆高速公路龙川至怀集（河源段）工程建设用地共计853.9395公顷，这为龙连高速公路项目河源段2017年底顺利建成通车提供了强有力的用地保障。

22日，公司副总经理李远军率队到龙连高速公路进行“平安工地”考核，考核结果为“示范”等级。李远军副总经理还在龙连管理处调研，并组织召开了思想动员会。

2015年11月

11日，河源市副市长章权在连平县政府有关领导的陪同下，前往龙连高速公路TJ11合同段施工现场了解征拆情况并召开座谈会。

2015年12月

1日至2日，省造价站副站长王燕平率领监督科、信息科和技术科相关人员对龙连高速公路开展2015年度公路工程监督检查。

3日，河源市副市长章权参加龙连管理处组织的2015年度征地拆迁工作经验交流总结会。

10日，公司副总经理李远军率考核检查组到龙连管理处开展2015年度安全生产责任制考核暨下半年安全生产大检查。

2016年1月

4日至13日，广东省交通运输工程质量监督站龙连高速公路项目质量监督负责人陈楚藩主任带队一行3人对龙连高速公路进行第二次监督检查。

21日下午，龙连管理处组织召开了龙连高速公路第一次劳动竞赛总结表彰暨第二次劳动竞赛动员大会。

28日，龙连管理处组织召开了“2015年工作总结大会暨2016年新春茶话会”。

2016年2月

12日（大年初五），河源市电视台新闻联播“新春走基层”栏目组对龙连高速公路春节期间驻守工地的公路建设者们进行了专题报道，并于当天晚上20：00在《河源新闻联播》头版首播。

18日，河源市委政法委书记叶常浓，在连平县委书记钟明等一行陪同下，来到龙连高速公路TJ9合同段工地现场慰问驻地公路建设者，看望坚守岗位的干部职工和农民工。

2016年3月

1日下午和2日上午，河源市副市长章权率市、县高速办及市政府督察室主要负责同志，到龙连高速公路施工现场督导征地拆迁工作。

9日下午，为纪念“三八”国际劳动妇女节106周年，缓解员工工作压力，陶冶情操，丰富员工的业余生活，龙连管理处工会联合女工委，组织员工举办了赏桃观影活动。

15日，公司副总经理张其浪，安全生产监督管理部部长覃辉鹃、副部长黎明到龙连高速公路检查指导工作。在龙连管理处主任张利、副主任牛敏强等陪同下先后检查了TJ11合同段大埠河大桥、TJ13合同段粗石山隧道施工现场安全管理工作。

2016年4月

14日，公司党委书记、董事长、总经理职雨风前往龙连高速公路施工现场检查并参加河源市高速公路建设现场推进会。

28日，广东省交通运输厅调研员陈振玉等一行到龙连高速公路督查在建工程项目。

2016年5月

11日，广东省交通运输厅副厅长徐欣、财务审计处副处长梁格亮在公司副总经理朱方、资金财务部副部长林楠等陪同下，赴龙连高速公路调研。

14日至15日，广东省质量监督站对龙连高速公路项目监理、试验检测单位进行了工程质量安全综合检查。

18日上午10:38，龙连高速公路李田隧道右线在出口端安全顺利贯通。

26日，在广州市召开龙连高速公路景观绿化评审会议。

27日，在广州市召开龙连高速公路机电施工图评审会议。

31日至6月1日，公司总经理尹良龙到龙连高速公路检查指导工作，在龙连管理处主任张利等陪同下检查了TJ11合同段元善互通及大埠河大桥，TJ10合同段隧道出口，TJ9合同段拌和站和预制梁场及TJ1、TJ2合同段施工现场。

2016年6月

18日至22日，广东省交通工程质量监督管理站对龙连高速公路施工单位进行大检查。

21日，公司党委书记、董事长职雨风到龙连高速公路检查指导工作，在龙连管理处领导的陪同下，先后查看了TJ13标粗石山隧道、TJ12标施工现场、TJ10标金花隧道。

23日至24日，广东省交通运输厅总工程师黄成造以及安全监督处处长付伦香、广东省交通工程质量监督管理站站长刘永忠、公司副总工程师乔翔以及安全生产监督管理部部长覃辉鹃等领导，莅临龙连高速公路检查指导工作，听取业主、监理和施工单位的意见和建议。

27日下午，龙连管理处联合TJ9合同段在伯公坳1#桥开展了高处坠落事故应急救援演练。

28日下午，公司副总经理夏振军到龙连高速公路检查指导工作。

2016年7月

1日，河源市副市长章权在市公路局局长庞启彪、连平县委书记钟明在龙连管理处副主任黄锡辉等有关人员的陪同下，先后到元善枢纽互通、金花隧道施工现场调研。

15日上午，广东省交通运输厅在龙连管理处成功举办全省2015年度公路水运工程“平安工地”示范项目授牌活动。

16日上午，龙怀高速公路管理中心龙连管理处在TJ11合同段建设现场成功举办 “为工程建设者点赞”第一届龙连杯摄影展启动仪式。

21日，龙连管理处组织召开了“龙连高速公路第二次劳动竞赛总结表彰大会”。

2016年8月

2日上午，河源市连平县交通主管部门督导组到龙连高速公路督导当年第四号台风“妮妲”防台防汛工作。

17日至18日，广东省交通运输档案信息管理中心丁力副主任、廖为民科长及周穗军一行莅临本项目档案馆咨询指导，公司档案主管丘美嫦与管理处总工程师刘欣、工程部副经理李胜等陪同检查全过程。

22日上午，公司在龙连管理处一楼大会议室召开了“南粤品质工程”创建活动启动大会暨上半年基建管理现场工作会议。

2016年9月

7日，龙连管理处召开“第三次劳动竞赛动员大会”。龙连管理处主任张利及领导班子、各部门负责人及各合同段负责人参加了会议。

26日，公司副总经理夏振军、副总经济师李史华，龙连管理处主任张利，连平县高速公路建设协调办公室主任谢新志等相关领导出席了隧道的贯通仪式。

29日，龙连管理处联合河源市摄影家协会在协会活动中心对摄影展作品进行评选，公司副总工程师乔翔、龙连管理处总工程师刘欣、河源市摄影家协会副主席兼秘书长余小凡以及协会资深摄影家黎房新和池智明作为活动的评委，评选会由龙连管理处副主任黄锡辉主持。

2016年10月

3日，龙连高速公路TJ16合同段最后一片预应力混凝土箱梁顺利完成浇筑。

17日，公司安全生产监督管理部部长覃辉鹃、基建部王文洲等一行到龙连高速公路开展2016年度“平安工地”考核评价暨安全生产标杆验收。

17日下午,河源市交通建设工程质量监督站，龙怀高速公路管理中心龙连管理处，合同段总监办，检测中心以及路基、路面施工单位相关人员共同组成的联合交验组，对龙连高速公路TJ6合同段的首段路基进行验收。

18日，龙连高速公路两礤隧道右洞顺利贯通。

30日，公司安全生产监督管理部检查小组莅临龙连高速公路TJ11合同段检查指导工作，项目领导班子陪同了检查。

31日，坪山大桥右幅7#墩人工挖孔桩混凝土顺利浇筑完成，标志着龙连高速公路TJ11合同段109根人工挖孔桩已全部施工完成。

2016年11月

1日，龙连高速公路TJ9合同段茶场大桥第170片T梁顺利架设完成，标志着该项目的茶场大桥预制梁安装工作全部完成。

2日，连平东互通2号主线桥左幅最后一片梁架设成功，标志着连平东互通2号主线桥左幅顺利贯通。

14日上午，竹山下大桥铺架完工，标志着龙连高速公路从标头到标尾全部联通。

17号下午5：45，广东省龙川至怀集高速公路全线重难点控制性工程——东联隧道顺利贯通。

17日至18日，公司副总经理夏振军到龙连高速公路检查指导工作。

18日下午，公司2016年度岩土专业技术小组经验交流暨年度技术工作总结会在龙连管理处召开，公司副总经理夏振军、副总工程师乔翔出席了此次会议。

28日上午，河源市公路局局长庞启彪等一行莅临龙连高速公路检查安全生产工作，途中了解了TJ11合同段元善互通主线桥跨G105国道和跨S341省道施工现场安全生产、文明施工情况 。

2016年12月

2日，龙连管理处举办的“为工程建设者点赞”第一届龙连杯摄影展表彰大会画上了圆满句号。河源市公路局党委书记马国波，公司党群部副部长刘世宁，龙连管理处主任张利、总工程师刘欣，河源市摄影家协会代表和龙连高速公路各参建单位的代表出席了此次会议，会议由龙连管理处副主任黄锡辉主持。

4日，龙连高速公路TJ11标元善枢纽主线桥跨大广高速段护栏全部施工完成。

7日，龙连高速公路TJ15标陂头互通1号桥箱梁架设工作圆满结束。

14日，龙连高速公路TJ14标永龙大桥下部结构施工画上了圆满句号。

14日，随着陂头互通C匝道3-3#箱梁的预制完成，龙连高速公路TJ15标顺利完成了所有箱梁的预制。

14日，龙连管理处工会在元善镇大埠小学开展捐资助学活动，为该小学困难学生发放助学金，并为学校捐赠了一批教学物资，帮助学校改善办学条件。

16日，龙连高速公路TJ14标石壁滩大桥最后一榀箱梁成功架设，二工区全面转入桥面系施工阶段。

24日凌晨，TJ4合同段施工的控制性工程——蛇背大桥顺利完成合龙段混凝土浇筑，龙连高速公路控制性工程进入收官阶段。

29日，龙连管理处召开龙连高速公路连平段临时用地审批手续协调会，专题研究解决各施工合同段临时用地审批手续办理问题。连平县高速公路建设指挥部、国土资源局、林业局，龙连高速公路TJ7—TJ8、LM2、LM3施工合同段等相关单位和部门派代表参加会议。

2017年1月

17日，龙连高速公路电力迁改工程竣工验收会在河源市供电局顺利召开。

18日上午，龙连管理处顺利召开龙连高速公路第三次劳动竞赛总结表彰大会。

19日，公司副总经理陈子建、安全生产监督管理部部长覃辉鹃来到龙连高速公路检查指导春运期间安全生产工作。

20日，龙连党支部召开2016年度领导班子民主生活会。公司副总经理陈子建到会指导并讲话，公司安全生产监督管理部部长覃辉鹃、副部长黎明出席会议，管理处领导班子成员参加了会议。

2017年3月

1日至2日，公司董事长职雨风到龙连高速公路检查指导工作。

1日，龙连高速公路特长隧道——粗石山隧道顺利贯通，“粗石山隧道顺利贯通暨6.30全线土建工程交验誓师大会”在隧道出口顺利召开。

2日，广东省交通运输厅党组成员、总工程师黄成造到龙连高速公路检查指导工作，督导调研工程质量、安全生产和施工进展等情况。

25日下午，交通运输部公路局副局长周荣峰莅临龙连高速公路进行调研。广东省交通运输厅总工程师黄成造、基建处处长陈明星、质监站站长刘永忠，公司董事长职雨风、总经理尹良龙等陪同调研。

28日至31日，龙连管理处会同河源市高速公路建设指挥部，龙川县、东源县、连平县等相关领导，龙连全线合同段分别在现场逐一召开龙连高速公路征地拆迁现场工作协调会。

2017年4月

6日，为纪念“三八”国际劳动妇女节107周年，丰富女职工的业余生活，龙连管理处工会联合女工委组织部分职工来到河源万绿湖开展春游踏青活动。

11日至12日，公司副总经理夏振军到龙连高速公路检查指导工作，龙连管理处主任张利等陪同检查。

12日，龙连高速公路关键控制性工程——大埠河大桥顺利合龙。

13日凌晨1时，龙连高速公路又一重点控制性工程——蛇背大桥双幅顺利合龙，项目第二大钢构桥主体工程全面完工。

2017年5月

31日上午，随着龙连高速公路TJ3标义都河大桥最后30米防撞护栏顺利浇筑，整个龙连高速公路TJ3标项目主体工程全部完工。

2017年6月

2日，龙连高速公路TJ11标大埠河大桥最后一片箱梁架设完成，大埠河大桥全幅顺利贯通。

7日，公司副总经理李远军、党群部部长何晓园等同志到龙连高速公路检查指导工作，龙连管理处主任张利等同志陪同检查。

27日下午，广东省人大常委会副主任陈小川带领专题调研组来到龙连高速公路开展调研，省交通运输厅副厅长贾绍明、省环境保护厅副厅长周国英、省林业厅副厅长孟帆等领导参与了此次调研活动。广东省南粤交通投资建设有限公司副总经理夏振军及地方政府相关领导陪同调研。

2017年7月

6日，省造价站站长吴伟彬、总工程师伍文、监督科科长张帆、工程师汪洁到龙连管理处开展日常检查指导工作。公司副总经理陈子健、投资经营部副部长陈同生、李志陪同检查并参加了汇报会议。

7日，龙连党支部组织全体党员召开学习贯彻习近平总书记重要批示精神专题组织生活会，公司党委副书记、纪委书记潘奇志，党群部副部长刘世宁亲临现场督导。

7日，为迎接党的“十九大”胜利召开，庆祝中国共产党成立“九十六”周年，龙连管理处党支部召开优秀共产党员表彰大会暨“我为龙连添光彩”主题演讲比赛，用龙连人的语言展示了新时代路桥人别样的风采。公司党委副书记、纪委书记潘奇志，党群部副部长刘世宁，广东省交通技术职业学院学生处原处长林峰等领导与嘉宾出席了此次活动。

11日，龙连高速公路TJ11标元善枢纽互通主线桥最后一片梁架设完成，标志着元善枢纽互通主线桥全桥顺利贯通。

12日，公司董事长职雨风、基建部部长孙家伟到龙连高速公路检查各项工程进展及病害边坡应急抢险措施等工作。

16日，经过各方面详细部署，龙连高速公路TJ15标滑坡体抢险工程首根抗滑桩顺利灌注完成。

2017年8月

4日，广东省交通运输厅副厅长贾绍明、基建处处长陈明星，省质监站站长刘永忠、省造价站总工程师伍文来到龙连高速公路调研建设情况。公司总经理尹良龙、总工程师乔翔、基建管理部以及龙连管理处相关同志陪同了调研。

19日，广东省交通运输厅在龙连管理处组织召开了龙连高速公路K112+210～K112+630右侧滑坡应急抢险处治工程施工图评审会议。省交通运输厅副厅长贾绍明、副总工程师张钱松、副处长王璜，公司总经理尹良龙、总工程师乔翔等领导出席了此次会议。

2017年9月

5日，公司副总经理夏振军来到龙连高速公路施工现场，督导调研建设工作，龙连管理处主任张利等领导陪同调研，重点察看了沿线部分绿化、房建工程和TJ15标K112+210～K112+630右侧滑坡应急抢险处治工程等施工现场。

6日，龙连高速公路建设项目东源段征地拆迁协调会议在龙连管理处三楼会议室召开。管理处副主任黄锡辉、李根存，副总工程师杨立华，合约部经理钟凡，征拆部经理黄镇平，东源县副县长廖伟强，东源县汕昆高速公路指挥部主任欧辉东等代表参加会议。

13日，龙连管理处在粤赣分公司埔前培训中心组织开展第一批营运收费人员业务培训，此次培训共计55人，分为15天的收费业务培训和25天的跟岗学习两个阶段。

26日凌晨，龙连高速公路TJ1标合同段东江大桥连续刚构右幅中跨合龙段混凝土浇筑开始施工，凌晨5：00，历时五个小时的紧张施工，圆满完成全部混凝土浇筑施工任务，东江大桥胜利合龙。

26日，为期15日的龙连管理处第一批营运收费人员业务培训圆满结束，当晚龙连管理处在培训地点粤赣分公司埔前培训中心召开结业典礼，管理处副主任黄锡辉、赖仁辉等领导出席了结业典礼。

28日，汕昆、武深高速公路河源段文明共建活动启动仪式在龙连高速公路连平东服务区举行，仪式由河源市公路局党组书记、局长马国波主持，地方政府及有关部门、龙连管理处、仁新管理处相关领导参加启动仪式。

2017年10月

11日，龙连管理处拍摄制作的工程纪实片《秀美龙连、品质为先——龙连高速建设纪实》、形象宣传片《大美龙连》双双入围中国公路学会主办的首届全国公路微视频大赛50强。

23日，广东省交通集团总经理助理、基建部部长兰恒水到龙连高速公路调研建设情况。集团基建部副部长邱钰、广东省南粤交通投资建设有限公司总工程师乔翔、龙连管理处主任张利等领导陪同调研。

2017年11月

9日，广东省交通质监站总工程师胡利平一行到龙连高速公路现场调研元善互通枢纽代建工程遗留问题及通车前交工验收等工作。

14日，广东省南粤交通投资建设有限公司党委副书记、纪委书记潘奇志到龙连管理处检查指导通车营运筹备工作，龙连管理处主任张利、副主任黄锡辉陪同。

14日下午，龙连管理处召开学习贯彻党的十九大会议精神党员干部大会，深入学习领会党的十九大精神，研究部署贯彻落实工作。广东省南粤交通投资建设有限公司党委副书记、纪委书记潘奇志、龙连管理处全体领导班子成员、全体党员、中层干部参加了此次会议。

19日、20日，龙连管理处安全管理部组织开展第三批收费人员岗前安全培训，159名新员工参加了培训。

22日，广东省南粤交通投资建设有限公司副总经理、工会主席李远军，党群部部长何晓园一行带着亲切关怀与良好祝愿，代表公司工会来到龙连管理处开展慰问活动。

2017年12月

5日，广东省交通集团组织开展了龙连高速公路的交工验收工作，经评审，龙连高速公路顺利通过交工验收。

7日，广东省交通集团有限公司党委副书记、工会主席洪军，省交通集团党群工作部部长毛海明出席参加了连平县慰问龙连建设者暨“感动龙连”表彰大会。

附录二　领导关怀

附图2-1　交通运输部公路局副局长周荣峰（右五）调研龙连高速公路建设情况，广东省交通运输厅总工程师黄成造（左三）陪同调研

附图2-2　广东省委常委、政法委书记、原河源市委书记何忠友（正中）检查广东省龙川至怀集高速公路龙川至连平段开工现场

附图2-3 广东省委常委、政法委书记、原河源市委书记何忠友（左二）到龙连高速公路元善枢纽互通现场调研征地拆迁工作，原连平县委书记钟明（左三）陪同调研

附图2-4 广东省人大常委会副主任陈小川（右三）带领省人大专题调研组到龙连高速公路调研环保工作

附图2-5　广东省交通运输厅副厅长徐欣(左三)带队检查龙连高速公路，广东省交通运输厅财务审计处副处长梁格亮（右四）、广东省南粤交通投资建设有限公司副总经理朱方陪同检查

附图2-6　广东省交通运输厅副厅长贾绍明（右五）出席龙连高速公路第二次劳动竞赛总结表彰大会并实地调研施工现场

附图2-7　广东省交通运输厅总工程师黄成造（右五）在龙连高速公路调研质量安全管理工作

附图2-8　广东省交通集团有限公司党委副书记、工会主席洪军（左三）调研龙连高速公路建设情况

附图2-9　河源市委书记丁红都（右二）调研龙连高速公路工程建设情况

附图2-10　时任河源市副市长章权（右二）率市、县高速办及市政府督察室主要负责同志，到龙连高速公路施工现场督导征地拆迁工作

附图2-11　河源市副市长、原公路局局长庞启彪（右三），河源市公路局副局长、原连平县政协副主席曾明泉（右二）陪同调研到龙连高速公路调研工程进展及征地拆迁推进情况

附图2-12　河源市公路局局长马国波（右三）、龙川县县长杨利华（右二）到龙连高速公路调研征地拆迁推进情况

附图2-13　时任东源县委书记何广延（左三）在船塘镇组织调研

附图2-14　东源县县长骆世文（左三）在工地现场调研

附图2-15　连平县委书记俞志锋（右四）参加粗石山隧道贯通仪式

附图2-16　广东省交通运输厅基建处调研员陈振玉（左四）检查龙连高速公路安全生产工作

附图2-17　广东省交通运输厅副厅长贾绍明（左）检查龙连高速公路安全生产及工程建设情况，广东省交通运输厅副总工程师（安全总监）张钱松（中）陪同检查

附图2-18　广东省交通运输厅副厅长贾绍明（右二）调研龙连高速公路建设工作，广东省交通运输厅基建处处长陈明星（左二）陪同

附图2-19　广东省交通运输厅总工程师黄成造（左三）检查龙连高速公路安全生产工作，省交通运输厅安监处处长付伦香（右二）陪同检查

附图2-20　广东省航道局局长，原广东省南粤交通投资建设有限公司董事长、党委书记陆亚兴（右五）调研龙连高速公路建设情况，广东省南粤交通投资建设有限公司董事长职雨风陪同调研

附图2-21　广东省交通运输工程造价管理站站长吴伟彬（右三）到龙连高速公路检查指导工作，广东省交通运输工程造价管理站总工程师伍文（左一）和监督科科长张帆（左二）陪同检查

附图2-22　广东省交通运输厅安全监督处调研员钟华（右三）到龙连高速公路检查指导安全管理工作

附图2-23　广东省交通集团有限公司总经理助理、基建部部长兰恒水（左二）督导龙连高速公路建设情况，省交通集团基建部副部长邱钰（左三）陪同督导

附图2-24　广东省交通集团有限公司副总工程师鲁昌河（中）检查龙连高速公路房建工程建设情况

附图2-25　广东省交通集团有限公司副总工程师李卫民（一排左二）、省交通集团基建部副部长邱钰（一排右一）、省交通集团养护中心副主任郭维（一排右二）参加龙连高速公路房建工程验收

附图2-26　广东省交通集团有限公司安监部部长张家慧（左二）督查龙连项目

附图2-27　广东省南粤交通投资建设有限公司董事长职雨风出席“南粤品质工程”创建活动启动大会并实地调研龙连高速公路施工现场

附图2-28　广东省南粤交通投资建设有限公司总经理尹良龙（右三）到龙连高速公路检查指导工作

附图2-29　广东省南粤交通投资建设有限公司副总经理夏振军（右五）督导龙连高速公路项目建设情况

附图2-30　广东省南粤交通投资建设有限公司副总经理朱方出席龙连高速公路项目开工仪式

附图2-31　广东省南粤交通投资建设有限公司副总经理李远军（中）调研龙连高速公路

附图2-32　广东省南粤交通投资建设有限公司党委副书记、纪委书记潘奇志出席龙连管理处党支部优秀共产党员表彰大会暨“我为龙连添光彩”演讲比赛